Daniela Braun / Rita Greine

Mit Kindern spielen und denken

Inhalt

Vorwort

Jedes Kind hat Freude daran zu spielen, gleichzeitig wird durch jedes Spielen aber auch seine körperliche und seelische Entwicklung sowie sein geistiges Vermögen gefördert. Das Spiel ist die Kindern angemessene Art und Weise, sich ihre Umwelt handhabbar und begreifbar zu machen und damit unverzichtbarer Bestandteil ihres Sozialisations- und Entwicklungsprozesses. Während des Spielens entwickeln Kinder Denkstrategien, die sie zu problemlösendem Handeln und analytischem Denken führen.

Die Bedeutung des Spiels nicht nur für die soziale, sondern gerade auch für die geistige Entwicklung des Kindes wird oft unterschätzt. Doch jedes Spiel beinhaltet so viele Überlegungen, Denkprozesse, Erfindungen und Reflexionen, welche mit Handeln verbunden werden, dass man das Spielen als eine große intellektuelle Leistung des Kindes verstehen muss. In einem Prozess des selbständigen spielerischen Erprobens lernt der Mensch, ob klein oder groß, vielmehr als durch reines Zuhören.

In diesem Buch werden Impulse und Anregungen für die Förderung des Spieles bei Kindern in Kindertageseinrichtungen gegeben. Bei allen Vorschlägen handelt es sich um kreative Spielimpulse, die nicht nur für Kinder organisiert werden, sondern bei denen die Erzieherin Partnerin der Kinder im Spiel ist. Die Erwachsenen sollen mitspielen. Außerdem beziehen die vorgestellten Anregungen das alltägliche Leben und alltägliche Spielmaterialien ein und führen doch zugleich in eine Fantasiewelt, die der Kreativität des Kindes viel Raum lässt. Alle vorgestellten Anregungen sind für Kinder und Erwachsene veränderbar und gestaltbar. Das begründet sich in der Überzeugung, dass ein Spiel nicht vorgegebenen, von Erwachsenen bestimmten Regeln folgen, sondern die Eigenaktivität und den Erfindungsreichtum der Kinder fördern soll. Insofern haben alle Spielvorschläge einen experimentellen Charakter, welcher das eigene Denken und Handeln eines Kindes unterstützt, und können sich aus einem bestimmten Anlass heraus entwickeln und weiter verändern. Es handelt sich dabei um Anregungen, die eines wenig kostspieligen Materialeinsatzes bedürfen. Erzieherinnen sollen auf originelle Weise Spielimpulse setzen und mit Kindern weitere Spiele erfinden können. Die eigene Kreativität ist gefragt, um die Kreativität der Kinder zu fördern und aufzugreifen. Aber vor allem ist die Spielfreude des Erwachsenen gefordert, denn sie steckt die Kinder einer Gruppe an und ermöglicht eigene Spielerfindungen.

1 Was Spiel ist, bestimmt der spielende Mensch selbst

Das Spiel ist eine menschliche Grunderfahrung und Ausdrucksform, die so vielfältig und facettenreich ist wie der Mensch selbst. Tatsächlich fehlt, wie bei der Kunst auch, eine einheitliche Theorie und Definition des Spiels. Offensichtlich ist das Phänomen des Spielens eng mit dem Wesen des Menschen verbunden, mit seiner Freiheit, seinen Möglichkeiten und Grenzen, seinen Bedürfnislagen und seiner Existenz. Daher ist Spielen nicht nur ein Prozess, der Kindern vorbehalten ist. Auch im Verhalten von Erwachsenen gibt es spielerische Elemente, die sich bei ihnen aber deutlicher von alltäglichen Pflichten, Erfahrungen und Aufgaben trennen. Das Spielbedürfnis strebt sowohl bei Kindern wie auch bei Erwachsenen nach unterschiedlichen Formen der Befriedigung. Spielen geschieht unter Einbeziehung eigener Fantasie und bestimmter Spielmedien, die vom Spielenden ausgewählt

werden. Diese Medien können vielgestaltig sein: der eigene und fremde Körper, aber auch Spielzeuge und Gegenstände des Alltags, die mit Hilfe der Vorstellungskraft in ihrer ursprünglichen Funktion verändert werden können, um sie in das Spielgeschehen zu integrieren. So werden aus Kochlöffeln Taktstöcke. Verkleidungen dienen als Mittel zur spielerischen Darstellung einer anderen Rolle.

Wenn aber jeder Mensch, Kind und Erwachsener, die ihm zur Verfügung stehenden Materialien in seiner Fantasie und Vorstellungskraft zu jenen Gegenständen umwandeln kann, die dem Spielinhalt dienlich sind, dann bestimmt letztendlich der spielende Mensch selbst, was Spiel ist. Ein kleines Kind, das bei der Mahlzeit mit einem Klecks Spinat auf dem Tisch malt, „spielt“ gleichzeitig mit dem Material und den entstehenden Formen bzw. Farbklecksen, auch wenn wir als Erwachsene dieses Tun nur als ungehöriges „Matschen“ empfinden. Spielen ist mit Erfahrung verbunden. Erfahrungen sind fließende Prozesse, pulsierende Wechselbeziehungen von Fantasie und Realität, die Fühlen, Denken und Handeln verbinden und Erkenntnis ermöglichen.

2

Spielen und Denken

Spielen ist eine Tätigkeitsform, die gekennzeichnet ist von Zweckfreiheit. Sie hat zwar oftmals ein Ziel, aber die Tätigkeit des Spielens wird um ihrer selbst und um der sie begleitenden Lust willen ausgeübt. Spiel ist eine besondere Art und Weise, sich Umwelt aktiv anzueignen, Lebenswirklichkeit zu erproben und zu begreifen.
Im Spiel geschieht eine symbolische Abbildung und zugleich Verfremdung von Wirklichkeit. Daher beinhaltet Spiel selbstbestimmte Erfahrungsmöglichkeiten. Wenn Kinder die Inhalte von gewaltgeprägten Fernsehfilmen nachspielen, sind wir entsetzt, weil wir befürchten, dass sie damit ein unerwünschtes Verhalten einüben. Doch bilden Kinder in diesem Spiel nicht nur die symbolische Wirklichkeit nach, sie verarbeiten sie auch und erproben ihre Möglichkeiten. Wenn sich erwachsene Spielpartner an solchem Spiel beteiligen, können sie die Fernsehwirklichkeit so beeinflussen, dass die beteiligten Kinder in die Lage versetzt werden, die Inhalte kritisch zu verändern und dem Spiel einen eigenen und eben nicht den durch die Medien vorgegebenen Verlauf zu geben.
Spielen ermöglicht Lernprozesse im kognitiven, emotionalen und sozialen Bereich. Während des Spielens wird eine erdachte oder erfahrene Realität erprobt, die sich zwar von der Ernstsituation des Lebens unterscheidet, aber deren Aspekte beinhaltet. Die Folgen und Konsequenzen einer Spielhandlung treten nur in der erdachten Situation und nicht in der realen Situation des Lebens auf, was bedeutet, dass Spielen eine Art Schutzraum des erprobenden Handelns ist.
Während Erwachsene die Wirkungen ihres Handelns im Denken vorausschauen, überprüfen und reflektieren können, überdenken Kinder die Zusammenhänge des Lebens und die Auswirkungen ihres Tuns in der spielerischen Handlung.

Das Spiel vermittelt Kindern Bestätigung und erprobt ihr Geschick. Es stellt Kontakt zu anderen Menschen her und vermittelt Zufriedenheit, auch wenn alleine gespielt wird. Frustrationen, Wut und Enttäuschung, Angst und Unsicherheit können im Spiel verarbeitet und kompensiert werden. Aber auch positive Lebensgefühle wie Freude, Zuwendung, Stolz, Zufriedenheit, Erfüllung und Sinn werden erlebt und verstärkt. Das aktive spielerische Tun ermöglicht Selbstbestimmung. Die spielerische Handlung befriedigt Neugier und Wissbegier, Fertigkeiten werden erworben sowie Funktionen des Körpers eingeübt, seine Möglichkeiten und Grenzen erkundet. Daher ist Spielen in all seiner Vielseitigkeit Motor für die Entwicklung des Kindes in seinen körperlichen, sozialen, emotionalen und auch kognitiven Fähigkeiten.

Für das Verhältnis zwischen Spielen und Lernen gilt, dass Spielen nicht nur eine Vorform des Lernens ist, sondern das entwicklungsgemäße Lernen selbst. Für Kinder ist Lernen eine Kombination aus Handeln und Denken, während es beim Erwachsenen zunächst aus Denken und daraus resultierendem Handeln besteht. Schon lange ist bekannt, dass körperliche Betätigung die Aktivitäten des Gehirns erhöht. Spielen ist eine leib-seelische Aktivität, die die Entwicklung des Denkens fördert. Kinder müssen erst greifen und anfassen können, bevor es zu einem Be-Greifen und Er-Fassen von logischen Zusammenhängen kommt. Ein Kind muss die Dinge und Situationen seiner Lebensumwelt im Spiel erst kennen lernen, bevor es zu einer Er-Kenntnis kommen kann.

Spielen bietet für ein Kind Neues und Überraschendes, verspricht Abenteuer und macht Freude und Spaß. Über diese offensichtliche

Freude vergessen wir Erwachsenen manchmal, dass Spielen eine hohe kognitive und leib-seelische Leistung darstellt. In unserer erwachsenen Wahrnehmung ist Leistung mit Pflichterfüllung, Arbeit, Last und Disziplin verknüpft. Daher nehmen wir das Spiel der Kinder als große Leistung nicht ernst genug. In seiner Kreativität und Lustbefriedigung scheint es außerhalb des „Ernstes des Lebens“ zu stehen.
Dabei können Kinder, die nicht genug spielen konnten, kaum Leistungsfreude für die späteren Anforderungen in Schule, Beruf und Gesellschaft entwickeln, denn ihnen fehlt die Erfahrung, dass Leistung eine positive und befriedigende Herausforderung darstellen kann. Durch die gelungene Erfüllung von Leistungsanforderungen kann ein Mensch Selbstwertgefühl, Zufriedenheit und soziale Anerkennung erlangen.

In der spielerischen Auseinandersetzung zwischen dem Ich, dem Du und der Umwelt lernt das Kind Regelbewusstsein, Konfliktlösung und Ich-Stärke. Die dabei erfahrene Freude und Entspannung ist die beste Basis für spätere Leistungsanforderungen.

Experimentelle Spiele fördern nicht nur die Kreativität und den Erfindungsreichtum eines Kindes, sondern schließen Wissens- und Erkenntnislücken. Sie sind Wege zu einem planvollen Lernen, das später in der Schule verlangt wird. Experimentelle Spiele regen das Kombinationsdenken an und ermöglichen die Erfahrung von Versuch und Irrtum.
Im Umgang mit Materialien des Alltags üben und erproben Kinder ihr logisches Denken und gelingendes Handeln.
Spielmaterialien müssen daher veränderbar und gestaltbar sein.
Sie sollen der Neugier Nahrung geben und neue Bedürfnisse und Fragen herausfordern.

Eine Trennung von Spielgeschehen und Alltagssituationen würde das Spiel zu einem Reservat machen und auch pädagogisch in eine Sackgasse führen, denn gerade das Wechselspiel zwischen Vernunft und Fantasie, Realität und Illusion, Anforderungen und Wunschvorstellungen macht die Lerndimension des Spieles aus.
Leider lösen aber viele vorgefertigte und konfektionierte Spielzeuge, die gekauft und konsumiert werden, das Spiel der Kinder aus seinem Alltagsbezug heraus: Statt Kinder auf Kochtöpfen oder Dosen trommeln zu lassen, werden gekaufte Trommeln benutzt. Statt im Garten ein Wasserloch zu graben, wird eine Kunststoffwasserbahn angeschafft. Statt Geschirr und Besteck aus der Küche zu benutzen, wird Puppengeschirr aus Kunststoff für das Rollenspiel verwandt.
Damit Spielen das Denken und die Entwicklung von Kindern fördern und unterstützen kann, bedarf es einer Spielumgebung und Spielmaterialien, die das alltägliche Leben einbeziehen.

3 Spiel- und Alltagskultur der Kinder

Kinderkultur lässt sich am ehesten durch die Spielwelt der Kinder erschließen, die durch soziale, wirtschaftliche, kulturelle und politische Ereignisse beeinflusst wird. Kinderspiele sind ein Symbol der Realität, des wirklichen Lebens. Die Situation von Gesellschaft, Familie und Umwelt nimmt immer Einfluss auf die Spielsituation von Kindern.

Bis heute gibt es in der Gesellschaft eine Geschlechterrollenverteilung in Familien und Partnerschaften, die sich leider noch immer in vielen Spielzeugen beziehungsweise deren Verteilung auf Jungen und Mädchen widerspiegelt: Spielmaterialien und Geräte wie Ritterburgen, Baukästen und technisches Spielzeug für die Jungen, Puppen, Puppenhäuser und Puppenstuben für die Mädchen.

Das nachbarschaftliche Spiel im Freien zählte über Generationen zu den Selbstverständlichkeiten des Kinderalltages. Man traf sich auf der Straße, im Hinterhof, auf freien Wiesen und Feldern. Spielplatz war überall. Die steigende Verkehrsdichte in den Städten und auch auf dem Lande führt zunehmend dazu, dass die Straße nicht mehr zum Spielen genutzt werden kann. Spielplätze allein ersetzen das erkundende und selbstorganisierte Spiel in der Nachbarschaft aber nicht. Abenteuerspielplätze sind oftmals nicht in der direkten Nachbarschaft vorhanden.

Anfang der 80er Jahre entdeckte man die Spielstraßen wieder, die eine Spielsituation, wie sie in der Kindheit unserer Eltern noch selbstverständlich war, wieder mehr ermöglichen sollen. Für sie war es noch selbstverständlich, auf der Straße zu spielen. Wie kommt es aber, dass es heute zwar viele Spielplätze und mittlerweile auch wieder Spielstraßen gibt, diese jedoch wenig von Kindern genutzt werden?

Obwohl doch genügend Spielraum vorhanden wäre, gibt es andere Gründe, die die Kinder zum Rückzug bewegen. Schaut man sich die Spielplätze an, so findet man dort stereotype, starre, langweilige, nicht veränderbare Geräte, die nicht gerade einladen, hier länger zu verweilen. Es verwundert nicht, dass Wipppferdchen, Balancierbalken und das dazugehörige „Einheitsgrün“ bei den meisten Kindern wenig Zuspruch findet. Mittlerweile gibt es Städte, die die Kinder selbst in die Planung solcher Anlagen einbeziehen und ihre oftmals kreativen Ideen umsetzen, indem sie vielseitige Bewegungsräume schaffen, die zu fantasievollem Spiel und zu Aktionen einladen.
Außer vom gegebenen Angebot an Spielräumen ist das Spiel der Kinder auch vom Verständnis und der Einstellung der Erwachsenen abhängig. Es gibt nicht wenige Klagen von Anwohnern, die sich über Lärm auf Spielplätzen beschweren. Es gibt sogar Hinweisschilder, die auf eine Mittagsruhe aufmerksam machen.
Auch das Zeitalter der Medien mit Fernsehen, Videorekordern und Computern beeinflusst die Spielwelt der Kinder. Es wird immer noch eher einseitig die negative Auswirkung des Fernsehkonsums von Kindern beklagt, statt mit Kindern gemeinsam die gesammelten Eindrücke aufzugreifen und spielerisch zu bearbeiten. Kinder, die z. B. „Raumschiff Enterprise“ sehen, könnten, wenn sie dazu ermuntert und angeleitet werden, das visuell Wahrgenommene durchaus auch spielerisch umsetzen, ihre eigene Fantasie aufleben lassen und im Spiel zu einer erdachten und erfundenen „Forschungsreise ins All“ aufbrechen. Medienangebote können, müssen aber das Spiel von Kindern nicht verhindern, sondern können auch als Impulse für neue Spielinhalte wirken, wenn diese von den erwachsenen Spielpartnern und Spielpartnerinnen des Kindes aufgegriffen und angeregt werden. Medien gehören zur Alltagskultur und -erfahrung von Kindern und sind nicht mehr von Kindern fern zu halten.
Wie noch vor 100 Jahren die Dampfmaschine, so gehört heute neben dem Fernseher auch der Computer zur Spielwelt der Kinder. Auch hier

zeigt sich die unterschiedliche Einstellung der Erwachsenen, wenn es um die Frage geht, ob und wann Kinder mit dem Computer umgehen sollten. Während einige dieses Medium ablehnen, sehen andere darin eine Chance, Kindern unter entwicklungsgemäßer Anleitung Fähigkeiten, Kreativität und Medienkompetenz zu vermitteln.
Es soll hier nicht das Für und Wider des Computers diskutiert werden. Vielmehr soll verdeutlicht werden, wie sehr gesellschaftliche Veränderungen das Spiel der Kinder und ihre Alltagskultur beeinflussen und prägen. Trotz aller prägenden Einflüsse sind Kinder immer in der Lage, kreativ und fantasievoll zu spielen, wenn sie die Möglichkeiten und Anregungen dazu erhalten und die Erwachsenen ihnen den Freiraum dafür schaffen.
Selbst wenn Kindern industriell gefertigtes Spielzeug zur Verfügung gestellt wird, konsumieren sie nicht nur, sondern sind unter entsprechender Begleitung und Anregung durch Erwachsene in der Lage, das jeweilige Spielzeug ihren differenzierten Spielsituationen anzupassen.
Es ist die Aufgabe von Erziehungs- und Bildungseinrichtungen wie Kindergärten und -tagesstätten, die Alltagskultur von Kindern aufzugreifen und Spielräume zu schaffen, in denen Kinder ihr Spiel entwickeln und gestalten können. Kinder brauchen diese Freiräume, um sich im Spiel mit den Inhalten ihrer Lebensumwelt auseinander zu setzen.

4 Verlieren ist nicht Versagen

Irgendwann im Alter von ungefähr fünf Jahren beginnen Kinder untereinander und miteinander zu wetteifern. Bedingt durch Elternhaus, Freunde und Medien wird die Dimension des Vergleichens, des Sichmessens an Personen und im Hinblick auf materielle Güter immer stärker. Außerdem entwickelt sich das Bewusstsein für die eigenen Stärken im Vergleich mit den Stärken der anderen bzw. in Abgrenzung zu ihnen.

Wer kennt nicht jene Erwachsenen, die das neue Auto vorführen, eine Klasse besser als der Wagen des Nachbarn? Es könnten hier mehrere Situationen des täglichen Lebens geschildert werden, die das Konsumdenken und die Wettbewerbssituation widerspiegeln, welche sich auf materielle Dinge bezieht. Kinder beobachten solche Wettbewerbssituationen und übernehmen schnell das Erwachsenenverhalten.

Jede Erzieherin kennt die Situation, wenn Kinder morgens in die Einrichtung kommen und ihre neue Garderobe vorführen, in der Erwartung, dafür bestaunt und bewundert zu werden. Oft werden auch die neusten Spielzeuge in der Hoffnung präsentiert, dafür Anerkennung und Aufmerksamkeit zu erhalten. Es handelt sich hierbei um eine

materielle Wettbewerbssituation, in der das Kind versucht, über Besitztümer Status und Anerkennung zu erhalten, anstatt auf die Wirkung seiner eigenen Persönlichkeit, seiner Fähigkeiten und Fertigkeiten zu vertrauen.
In solchen Situationen ist das Verhalten der Erzieherin von Bedeutung. Wenn sie das betreffende Kind in oben beschriebenen Situationen bestaunt, über Gebühr beachtet und außerordentlichen Gefallen an dem neuen Spielzeug zeigt, bestärkt sie das Kind in dem Gefühl, durch materielle Dinge Anerkennung erfahren zu können.
Werden solche Situationen der sozialen Anerkennung durch materielle Dinge in der Kindergruppe häufiger verstärkt, dann wächst das Konkurrenzverhalten der Kinder untereinander und die Kinder verlangen immer stärker die Befriedigung materieller Bedürfnisse wie z. B. Markenkleidung oder Trendspielzeug. Dabei sind viele Familien finanziell gar nicht in der Lage, die oftmals überdimensionalen Wünsche ihrer Kinder zu erfüllen.
Natürlich sollte eine Erzieherin nicht gerade wegschauen, wenn ein Kind ihr etwas „Neues" zeigen will. Es geht hier um das Maß an Aufmerksamkeit, das in einer solchen Situation angebracht ist und um das Gespür dafür, soziale Anerkennung und Aufmerksamkeit weniger für materielle Besitztümer als für individuelle Fähigkeiten und Fertigkeiten zu vermitteln.
Aufmerksamkeit, Zuwendung, Lob und Anerkennung werden allzu oft für Besitztümer gezollt. Besser ist es, einem Kind Lob zukommen zu lassen, wenn es z. B. wieder einmal einem anderen Kind geholfen hat oder ihm ein tolles Experiment, ein besonderes Spiel gelungen ist.

Auch auf der Ebene des Spielens ist der Wettbewerb der Kinder untereinander vorhanden. Er muss aber nicht wie oben beschrieben materiell geprägt sein. Gerade im Spiel, ähnlich wie im Sport, ist die Wettbewerbssituation eher an individuelle Leistungen und Fähigkeiten gekoppelt. Hier können Kinder ihre Fähigkeiten und Kräfte messen

und vergleichen. Ein solcher Wettbewerb lehrt Fairness und ermöglicht das Entdecken eigener Stärken.
Ab einem gewissen Alter lieben Kinder Wettbewerbsspiele. Erwachsene können dabei die unterschiedlichsten Beobachtungen machen.
Manche Kinder reagieren auf ein verlorenes Spiel mit weinerlichen Anfällen, Aggressionen gegen das Spiel selbst oder gegen die anderen Mitspieler und Beleidigungen, weil sie das Gefühl des „Verlierens" nicht ertragen. Es scheint für sie eine unerträgliche Niederlage zu sein.
Für andere Kinder gehört das Verlieren wie selbstverständlich zu einem Spiel mit Wettbewerbscharakter dazu. Diese Kinder stellen sich der Herausforderung und versuchen eben beim nächsten Mal zu gewinnen, ohne sich entmutigen zu lassen.

Manche Erwachsene lassen Kinder, wenn sie mit ihnen spielen, bewusst gewinnen. Sie wollen sie davor bewahren, Verlierer zu sein. Aber Kinder müssen erfahren können, dass ein Spiel zu verlieren nicht gleichzeitig bedeutet, eine dauerhafte Niederlage einstecken zu müssen.
Erwachsene können am besten durch ihr Verhalten vorleben, was es heißt, fair gewinnen und verlieren zu können. Daher brauchen Kinder im gemeinsamen Spiel auch erwachsene Partner, bei denen sie gewinnen und verlieren lernen können. Fair verlieren zu können, mit dem Gefühl, nicht gleichzeitig auch versagt zu haben, ist ein Lernprozess, der Zeit braucht und einen geduldigen Erwachsenen, der diesen Prozess begleitet.
Insbesondere das erwachsene Vorbildverhalten in Spielsituationen, in denen der Erwachsene selbst als aktiver Mitspieler gewinnt oder verliert, hat eine Leitbildfunktion für das Verhalten des Kindes. Wenn beispielsweise eine Erzieherin in einem Spiel gewinnt, bringt sie ihre Freude darüber durch Worte, durch Gestik und Mimik zum Ausdruck.
Als Gewinnerin kann sie die anderen Kinder zum Weiterspielen ermuntern, um z. B. den nachfolgenden, zweiten Sieger zu ermitteln.
In einem Spiel zu zweit bestärkt und motiviert sie das Kind, das

verloren hat, noch einmal das gleiche Spiel zu versuchen oder aber selbst ein anderes Spiel auszuwählen. Sie vermittelt kein Gefühl von Mitleid oder Traurigkeit, welches sich in Äußerungen ausdrückt, wie z. B.: „Ist doch nicht schlimm, dass du verloren hast.“
Verliert die Erzieherin in einem Wettspiel mit den Kindern und zeigt sie auch hierbei eine positive Einstellung, macht sich vielleicht mit Worten selbst Mut und freut sich mit darüber, dass jemand anderes gewonnen hat, dann vermittelt sie durch ihr Verhalten die Erkenntnis, dass verlieren nicht auch gleichzeitig versagen bedeutet.
Als Beobachterin solcher Verlierer- bzw. Gewinnersituationen sollte sie in entsprechenden Momenten Kindern Mut machen, nicht so schnell aufzugeben, denn es gibt niemanden, der immer nur gewinnt bzw. verliert.
Kinder, die Wettspiele häufiger erleben und das damit verbundene Gewinnen und Verlieren erfahren, werden auch andere Wettbewerbssituationen als selbstverständliche Herausforderung betrachten.

Trotz des „Kampfes“ um den Sieg im Spiel können sie fair bleiben. Sie erleben als Gewinner das Gefühl von Stolz und Sicherheit, als Verlierer entwickeln sie empathisches Verhalten, weil sie um die Gefühle eines Siegers wissen und sie dieses Gefühl dem anderen gönnen. Sie erkennen, dass man nicht schwächer oder „minderwertiger“ ist, wenn man verliert. Sie erleben, dass Auseinandersetzung Spaß machen kann, immer mutiger macht und neue Reize entstehen lässt. Sie entwickeln die Fähigkeit, sich selbst anzuspornen und auch ohne den Rückhalt von Erwachsenen etwas zu riskieren.

Es gibt eine Vielzahl von Wettspielen, mit denen man Kinder begeistern kann, wenn diese nicht monoton, langweilig und uninteressant ausgerichtet sind. Einige davon finden Sie im Kapitel „Spielewerkstatt“ wieder. Zum Schluss sei noch auf all die Wettbewerbssituationen verwiesen, in der wir uns als Erwachsene befinden. Es gibt einige von uns, die solche Situationen bewusst oder unbewusst vermeiden, andere wiederum resignieren sehr schnell, wenn sie beim ersten Anlauf verlieren. Diejenigen, die jedoch ein gesundes Selbstwertgefühl entwickelt haben, werden das Verlieren als Herausforderung betrachten und sich mutig eigene, vielleicht andere Wege suchen, die sie zu einem späteren Zeitpunkt weiterbringen werden. Wettbewerb kann auch ein Ansporn für Kreativität sein, wodurch pfiffige Ideen und neue Qualitäten hervorgebracht werden.

5 Der „spielzeugreduzierte Kindergarten“

Es scheint uns notwendig, zunächst einmal den Begriff „Spielzeug“ näher zu betrachten. Oftmals verstehen wir unter „Spielzeug“ die speziell für Kinder hergestellten Produkte der Konsumgüterindustrie, oft hochkompliziert produzierte Nachahmungen der Elemente unserer Erwachsenenwelt, aber auch Puppen, Stofftiere und Figuren aller Art. Für Kinder sind jedoch auch all die Dinge und Materialien, mit denen sie im alltäglichen Leben konfrontiert werden, wichtige und interessante Spielmaterialien: Dosen, Kisten, Decken und Tücher, Naturmaterialien, Werkzeug und verschiedene Gegenstände des Alltags mehr. Mit all diesen Dingen kann man Spaß haben und etwas erleben, sie werden zum „Spielzeug“ der Kinder.

Kindertageseinrichtungen sind sehr unterschiedlich mit Spielmaterialien aus gestattet. Es gibt Einrichtungen, die durch ausreichende finanzielle Mittel immer wieder vorhandenes Spielzeug ersetzen oder ergänzen können. Immer mehr Vertreter bestürmen die Einrichtungen mit immer neuen Materialien. Psychologisch geschult, versuchen sie das Vertrauen der Erzieherinnen zu gewinnen, die dann auch nicht selten die modernsten Spielwarenprodukte kaufen, um auf dem neusten Stand zu sein.
Anderen Einrichtungen steht ein geringerer Etat für Spiel- und Beschäftigungsmaterial zur Verfügung, sie haben aufgrund dessen gar nicht die Möglichkeit, viele Spielwaren anzuschaffen.
Darüber hinaus gibt es auch Einrichtungen, die die Menge der für Kinder vorhandenen Spielmittel kritisch hinterfragen und „spielzeugfreie oder spielzeugreduzierte Zeiten“ in die pädagogische Arbeit

einplanen. Pädagogischer Hintergrund dieser Entscheidung ist der Entschluss, der Fantasie und Erfindungskraft von Kindern mehr Raum zu geben und sie zu selbstorganisiertem und erfundenem Spiel anzuregen, das sich unabhängig vom Spielzeugangebot entwickeln soll. Dahinter steht die Beobachtung, dass zu viele Spiele in den Regalen von Kindergärten sowie das Spielwarenlager im Kinderzimmer zu Hause oft zu mangelnder Übersicht geführt haben und die Kinder an der gezielten Wahl der Spielmittel hindern. Schnell wird von einem Spielzeug zum anderen gewechselt. Hingebungsvolles Spiel findet selten statt. Dies war für viele Tageseinrichtungen für Kinder der Anlass, sich intensiv mit dem Thema „Qualität im Spielangebot" auseinander zu setzen. Dabei muss natürlich auch die Frage nach den Spielinhalten von Kindern im Vorschulalter berücksichtigt werden. So ist für Kinder im Alter zwischen drei und sechs Jahren das Symbolspiel typisch. Dabei wird beispielsweise für manche Kinder ein Stock zum Gewehr, für andere zum Pferd und für wieder andere zum Fernrohr. Die individuelle Spielfantasie entwickelt sich mit der Zeit in der Weise weiter, dass Kinder ihre Symbolwelten sozialisieren, was Voraussetzung für gemeinsames Spielen ist. Dies erfordert von jedem Kind Interesse und Rücksichtnahme für die Spielfantasien des oder der anderen. Dabei wird ganz langsam die Realität immer mehr ins Spiel einbezogen.

Wichtig ist in diesem Alter eine Zurückhaltung gegenüber Regelspielen bzw. Tischspielen. Aufgrund ihres Entwicklungsstandes sind Kinder noch nicht in der Lage, die Disziplin aufzubringen, die beispielsweise ein „Mensch-ärgere-dich-nicht-Spiel" erfordert. Selten können Vorschulkinder die Energie aufbringen und solche Regelspiele von Anfang bis Ende von alleine durchspielen. Die vielfältigen Regeln solcher Spiele führen dazu, dass die Erzieherin oftmals dominant agieren muss, damit die entsprechenden Regeln auch von allen korrekt eingehalten werden. Dies bedeutet nicht, dass Kinder nicht den Umgang mit bestimmten Regelspielen erfahren sollten, um ein gewisses Maß an Anpassungsfähigkeit zu erlernen. Viel eher aber sollten sie beim Umgang mit solchen Spielen die Möglichkeit entdecken und nutzen, gemeinsam mit den Spielpartnern neue Spielregeln zu erfinden, wodurch viele dieser Spiele spannender und oftmals auch unkomplizierter werden.

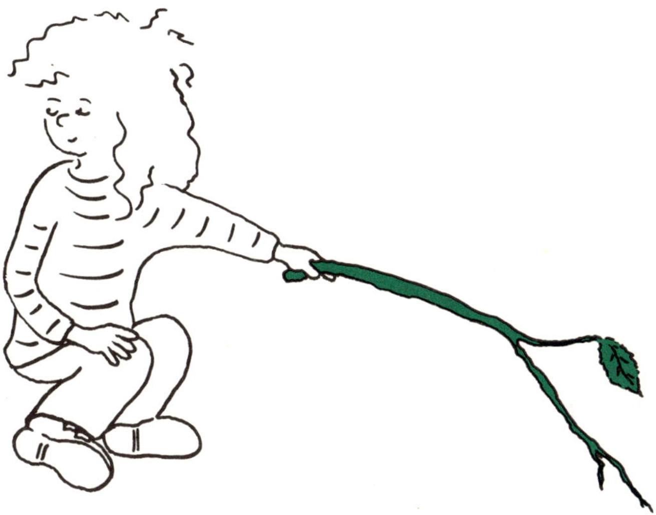

Wie gesagt, all diese Beobachtungen und Überlegungen führten und führen in vielen Einrichtungen zu der Hinwendung zu einem „spielzeugreduzierten Kindergarten". Im Vordergrund einer auf diese Weise arbeitenden Einrichtung soll die Überschaubarkeit der Spielmaterialien stehen, die den Kindern angeboten werden, weil man der Sprunghaftigkeit der Kinder, die von einem Spielzeug zum anderen „jagen", entgegenwirken möchte. Wichtig ist aber auch die Reduzierung von vorgefertigten Materialien. An ihre Stelle sollten bewegliche, veränderbare Materialien treten, die zum Experimentieren einladen, aber auch alle möglichen Alltagsgegenstände wie Stöcke, Kisten, Dosen, Gläser, die Kinder für ihr Spiel entdecken und sammeln können.

Eltern könnten mit Erzieherinnen gemeinsam eine „Spielewerkstatt" einrichten, in der sie zusammen mit einigen Kindern einfache, nicht aufwendige, aber dennoch attraktive Spiele herstellen. Mit diesen selbst gefertigten Spielen und Spielzeugen lässt sich in der Einrichtung eine eigene Spielwarenausstellung organisieren, bei der Eltern und Kinder ihre selbst gebastelten Kinderspiele präsentieren. Bei einer solchen Aktion wird nicht nur der Stolz der Kinder und Eltern auf ihre eigenen Produkte gefördert, sondern Eltern gewinnen genauere Informationen über die Spielinhalte ihrer Kinder. Eltern wie Kinder fühlen sich in ihrem Engagement wertgeschätzt und identifizieren sich leichter mit der Einrichtung, mit der sie über einige Jahre engen Kontakt haben werden.

Neben einem solchen Repertoire an selbst hergestellten Spielen sollten auch all die anderen Spielfelder von Kindern Berücksichtigung finden und angemessenes, veränderbares und bewegliches Material ausgewählt werden, das Kinder zu fantasievollem Spiel anregt.

Wichtig ist nur, dass kein Überangebot von Spielzeug vorhanden ist, da dieses das Spielverhalten der Kinder zu einem Konsumverhalten verändern kann. Es sollte allerdings aber auch kein extremer, wenn auch nur zeitlich begrenzter, Spielzeugentzug stattfinden, denn der Verlust von vertrautem, von Kindern oft personifizierten Spielmaterialien kann zu Unsicherheit und Unverständnis führen.

Es ist wichtig, mit den Kindern gemeinsam Gegenstände des Alltags als Spielmaterialien zu suchen und zu sammeln, weil diese ihrer Lebensumwelt entsprechen und die Auseinandersetzung mit ihrer Realität ermöglichen sollen. Es ist Aufgabe der Erwachsenen, Kindern Möglichkeiten aufzuzeigen, wie sie auch ohne Material Spielideen entwickeln können, die viel Spaß machen.

6 Rahmenbedingungen für fantasievolles Spiel im Kindergarten

Fantasievolles, selbstbestimmtes Spielen ist neben dem Angebot von Materialien noch von einigen anderen Faktoren abhängig.

1. Das Verhalten der Erzieherin oder des Erziehers

Jede Erzieherin ist einmal selbst Kind gewesen. Ist sie in der Lage, sich daran zu erinnern, was sie als Kind gerne gemacht hat, so wird sie auch den notwendigen emotionalen Zugang zum Spiel der Kinder bekommen.

Die Erzieherin ist zuallererst Beobachterin des Spiels. Ohne sich ins Spiel des Kindes bzw. der Kinder einzumischen, sollte sie zunächst Zurückhaltung üben. Es bedarf eines hohen Maßes an Sensibilität, um den Zeitpunkt zu erkennen, an dem eine Begleitung im Spiel wichtig ist.

Zu oft wird korrigierend ins Spielgeschehen eingegriffen, weil der Erwachsene annimmt, dass das Spiel der Kinder ohne sein Eingreifen misslingen oder ausarten könnte. Manchmal können sich Erwachsene mit ihrer eigenen Spielidee auch nicht genügend zurückhalten.

Kinder in ihrem Spiel zu begleiten, bedeutet, sich der Spielkompetenz von Kindern anzuvertrauen und sich in ihre kreativen Spielprozesse zu integrieren.

Durch Zurückhaltung ihrer eigenen Aktivität und Dominanz gibt der Erwachsene den Kindern die Chance, mit eigenen Ideen und Einfällen

zum Zuge zu kommen. So kann durch „aktive Zurückhaltung“ das kreative Potential eines Kindes im Spiel gefördert werden. Es können sich offene Spielprozesse entwickeln, bei denen Kinder den Spielverlauf und -inhalt selbst bestimmen.
Dies bedeutet aber nicht, dass die Erzieherin ausschließlich als Beobachterin fungiert. Erwachsene können immer auch direkte Spielpartner der Kinder sein. Es gilt die Balance zwischen Zurückhaltung und aktiver Teilnahme bzw. Begleitung zu finden.

Neben den von Kindern initiierten Spielinhalten gibt es auch vorstrukturierte Spielhandlungen, in denen ein Spiel durch den Erwachsenen in eine bestimmte Richtung gelenkt wird, wenn z. B. bestimmte Informationen, Zusammenhänge oder Lerninhalte in spielerischer Form vermittelt werden sollen. Hierbei motiviert und aktiviert die Erzieherin die Kinder durch ihr Verhalten. Impulse, die gesetzt werden, aktives Mitspielen oder das Einbringen eigener Ideen beeinflussen den Spielverlauf. Je mehr die Erzieherin auf diese Weise lenkend einwirkt, umso strukturierter wird das Spiel. Dies schließt die eigenen Ideen und spontanen Einfälle von Kindern nicht aus. Ein Spiel zu lenken bedeutet, diese Impulse der Kinder aufzugreifen und in den Spielverlauf einzubeziehen. Darüber hinaus sollten Kinder immer wieder zu selbständigem und ideenreichem Spiel motiviert werden.

2. Raum und Atmosphäre

Es geschieht manchmal, dass man einen Gruppenraum irgendeines Kindergartens betritt und das Gefühl hat, erschlagen zu werden:
Die Wände hängen voller Bilder und Poster. Es gibt Mobiles, die überall von der Decke hängen, Gardinen mit bunt bedruckten Bärchen und dazu noch Stoffe, die Nischen abgrenzen und verzieren sollen. Nicht zu vergessen die Fülle von Spielzeug, Büchern, Vasen, Möbeln und Dekorationen, die alles noch schöner machen sollen.
Bei dieser Beschreibung ist bewusst ein wenig übertrieben worden, um auf die Fülle von Dingen im Gruppenraum hinzuweisen, die dazu beitragen, Raumstrukturen unkenntlich und das Angebot unübersichtlich zu machen.
Ein Ort, an dem unterschiedliche Menschen verschiedene Dinge tun, muss natürlich ein gewisses Maß an Ordnung und Struktur haben. Zu viel Dekoration und Farben beeinträchtigt aber die Überschaubarkeit der Situation für Kinder. Eine gewisse Überfrachtung mit Farben ist schnell geschehen, da neben den beschriebenen bunten Dekorationen die Kinder selbst – durch ihre Kleidung, ihre Bilder und die farbigen Spielmaterialien – schon viele unterschiedliche Farbimpulse setzen. Farben können differenzierter wahrgenommen werden, wenn sie ebenso wie das Material in reduziertem Maße auftreten. Kinder und Erzieherinnen verbringen jeden Tag viele Stunden in ihrem Gruppenraum, so dass ein kreatives Nachdenken über dessen Gestaltung sinnvoll scheint, damit ein Gefühl von Wohlbefinden als Voraussetzung für einladendes Spielen geschaffen werden kann.
Man sollte öfter mit Kindern gemeinsam den Gruppenraum umräumen, Platz durch sparsamere Möblierung schaffen und bei der Farbauswahl von Stoffen, Kissen, Decken und auch Wandfarben mehr helle Farben in unterschiedlichen Farbklängen wählen, die Ton in Ton aufeinander abgestimmt sind, wodurch man eine warme, offene Atmosphäre erzielt.

3. Zeit

Hektik und zeitliche Anspannung sind der Spielwelt der Kinder nicht förderlich. Kinder brauchen Zeit, um sich in ein Spiel vertiefen zu können. Sie folgen dabei einem eigenen Spielrhythmus, der von ihren Interessen, ihrer Konzentrationsfähigkeit, der Dynamik in der Gruppe und ihren eigenen Bedürfnissen abhängig ist. Diese Zeit muss ihnen gerade in Kindertageseinrichtungen gegeben werden, wenn sie beispielsweise „stundenlang" an einem Wasserbecken die unterschiedlichen Gießtechniken erforschen oder aber einfach vor sich hinträumen und vielleicht noch dabei mit dem Freund kuscheln wollen. Doch gibt es auch im Kindergarten Situationen, in denen das Spiel der Kinder ein Ende finden muss, spätestens dann, wenn sie abgeholt werden. Auch das Signal zum Aufräumen beendet abrupt so manches Spiel.

In jedem Theater, das wir Erwachsenen besuchen, bekommen wir Zeit, um uns auf den Beginn der Aufführung einzustellen. Wir wissen, dass der dritte Gong der letzte ist, bevor die Aufführung beginnt, und wir hatten Zeit, uns darauf einzustellen. Können wir den Kindern nicht auch Zeit einräumen und das Ende des Spiels ankündigen, damit sie ihr Spiel in Ruhe beenden oder weitere Vorbereitungen für den nächsten Tag treffen können?

4. Spielpartner

Die Kinder bestimmen selbst, mit wem sie gerne spielen möchten. Die Auswahlmöglichkeit ist gerade für Kinder im Kindergarten sehr groß, zumal es heute schon viele Einrichtungen gibt, in denen die Kinder nicht nur in der eigenen Gruppe ihre Freunde und Spielpartner finden, weil dem Wunsch und dem Bedürfnis der Kinder entsprochen wird, ihre Kontakte auf die anderen Gruppen auszudehnen.
Im Spiel mit anderen werden Rücksichtnahme und Toleranz geübt, Frustrationen erfahren, Kräfte gemessen und gemeinsame Freude erlebt. Der Erzieherin kommt hier die Aufgabe zu, die Beziehungskonstellationen zu beobachten und, wenn es notwendig ist, auch einzugreifen. Ein Kind, das eher eine Außenseiterposition einnimmt, kann durch geschickte Lenkung der Erzieherin in bestimmten Spielen besonders hervorgehoben werden, damit auch hier der Aufbau eines positiven Selbstwertgefühls gefördert wird.
Kinder lernen zu differenzieren, wenn sie sich im Spiel mit anderen Kindern auseinandersetzen. Sie erfahren, dass es bestimmte Kinder gibt, die sich stets bevormunden lassen, andere Kinder, die immer

bestimmen wollen oder aber solche, mit denen sich in gemeinsamer Absprache eigenständig eine Spielidee entwickeln lässt.
Durch das Spiel mit den unterschiedlichsten Spielpartnern entwickelt ein Kind ein hohes Maß an Kommunikationsfähigkeit und Kooperationsbereitschaft. Es hat den Wunsch, sich vertrauensvoll auf andere einzulassen und sich verbal über Ideen, Gefühle und Vorstellungen auszutauschen und in gemeinsamer Aktivität abzustimmen.
Zusammenfassend ist festzustellen, dass Kinder ihr eigenes Spiel genussvoll spielen, wenn sie selbst bestimmen können, was sie gerade als Spielmaterial interessiert; wenn sie einen Raum vorfinden, der nicht vom konzentrierten Spiel ablenkt; wenn sie Spielbeginn und Spielende selbst festlegen können und nicht dauernd abrupt im Spielgeschehen unterbrochen werden und wenn sie sich selbst ihre Spielpartner auswählen können.

7 Spielewerkstatt

Im Folgenden werden Anregungen und Vorschläge gegeben, wie man Spiele und Spielmaterialien mit Kindern gemeinsam erarbeiten und entwickeln kann.

Rätseltüte

Materialvorbereitung: Ein großer Fotokarton wird zu einer stabilen Tüte zusammen gerollt. Diese kann nach Wunsch bemalt, beklebt oder beschriftet werden. Mit einem dicken Stift werden Symbole für Gegenstände, die Kindern bekannt sind, wie z. B. Auto, Sonne, Schere, usw. auf große weiße Blätter aufgemalt, jeweils ein Symbol pro Blatt. Die Blätter sollten etwas kleiner als der Fotokarton sein. Die bemalten Blätter werden vorsichtig in die „Rätseltüte" gesteckt.

Spielverlauf: Ein Kind sitzt mit der Tüte vor den anderen Kindern. Langsam und vorsichtig wird eines der Blätter aus der Tüte gezogen, so dass zuerst nur ein kleiner Ausschnitt des darauf abgebildeten Symbols sichtbar wird. Alle Kinder können laut raten und rufen, was sie sehen.
Nach und nach wird das Blatt immer mehr herausgezogen, das Raten dadurch leichter.
Wer ein Symbol erraten hat, darf das Blatt mit diesem Symbol behalten.

Anmerkung: Ab einem Alter von ungefähr fünf Jahren an können Kinder sich selbst eine Rätseltüte basteln, deren Inhalt durch immer andere Symbole nach Wunsch verändert werden kann.
Schulkinder können ein solches Ratespiel mit Buchstaben oder Wörtern gestalten.
Das Spiel ist schon ab 2 Teilnehmern möglich.

Rätselkönig

Material-
vorbereitung: Aus festem Fotokarton wird eine Krone gebastelt, die – mit Glimmer und Glitzerstreifen beklebt – eine Königskrone darstellt.

Spielverlauf: Ein Kind gibt ein Rätsel auf, welches von den anderen Kindern erraten werden soll. Es kann auch einen Gegenstand beschreiben, den die anderen erraten sollen, oder eine schwierige Frage stellen, die sie beantworten müssen. Wer die Antwort als Erster weiß, darf die Krone aufsetzen, bis das nächste Rätsel wieder gelöst wurde.

Anmerkung: Ältere Kinder (ab 6 J.) lieben es, zu zählen, wer die Krone bei einer Rätselrunde am häufigsten getragen hat. Auf diese Weise wird der „Rätselkönig" ermittelt.

Murmelkarton

Material-
vorbereitung: In einen Schuhkarton ohne Deckel werden an der Längsseite etwa 3 oder 4 unterschiedlich große Halbkreise geschnitten.
Der Karton kann von den Kindern durch Bemalen oder Bekleben gestaltet werden.
Außerdem benötigt man einige Murmeln.

Spielverlauf: Der Schuhkarton wird in einem Abstand von ca. 5 m auf die Erde gestellt. Die Kinder versuchen nacheinander, die Murmeln in die unterschiedlichen Löcher zu rollen.

Anmerkung: Der Schuhkarton kann in unterschiedlichen Entfernungen aufgestellt werden, wodurch der Schwierigkeitsgrad erhöht wird.
Für ältere Kinder kann man jeder der Öffnungen eine Punktezahl zuordnen, wodurch dieses Spiel einen Wettspielcharakter bekommt.

Postkartenpuzzle

Material-vorbereitung: Eine Postkarte wird nach Belieben in mehrere Teile zerschnitten. Die einzelnen Teile werden in einen Briefumschlag gesteckt.

Spielverlauf: Die einzelnen Teile werden zu einer Postkarte zusammengelegt.

Anmerkung: Trotz der festgelegten und einseitigen Spielfunktion lieben Kinder es, ihr Puzzle selbst herzustellen und Anzahl und Form der einzelnen Teile selbst bestimmen zu können.
Ältere Kinder schätzen das Postkartenwettspiel: In einem Schuhkarton befindet sich eine ganze Sammlung von verschiedenen Postkartenpuzzles, jeweils in einem separaten Umschlag. Jedes Kind zieht nun einen Umschlag. Wer sein Puzzle zuerst fertig hat, bekommt einen Punkt. Wer zuerst zehn (15) Punkte gesammelt hat, ist Sieger.

Schwarzlichtpuzzle

Material-vorbereitung: Ein großer weißer Kartonbogen wird in mehrere Puzzleteile zerschnitten.

Spielverlauf: In einem dunklen Raum, der nur mit Schwarzlicht beleuchtet ist, werden die einzelnen Puzzleteile im ganzen Raum verteilt auf die Erde gelegt. Bei ruhiger Instrumentalmusik werden die einzelnen Teile wieder zu einem Ganzen zusammengelegt.

Anmerkung: Dieses Spiel wird durch die stimmungsvolle Atmosphäre bestimmt. Für ältere Kinder kann man die Anzahl der einzelnen Puzzleteile erhöhen. Es sollten nicht mehr als 6 Kinder teilnehmen.

Streichholzschachtel-Memory

Material-vorbereitung: Es werden viele leere Streichholzschachteln benötigt. Diese müssen alle gleich aussehen, d.h., sie werden so beklebt oder bemalt, dass sie nicht mehr zu unterscheiden sind. Die Schachteln werden nun von den Kindern mit unterschiedlichen kleinen Materialien gefüllt, wobei immer zwei Schachteln den gleichen Inhalt haben müssen, z. B. Watte, Kugeln, Glimmer usw.

Spielverlauf: Alle Schachteln werden auf den Tisch gelegt, geordnet in Reihen oder alle durcheinander. Jeweils zwei Schachteln dürfen geöffnet werden. Ist ein Pärchen gefunden, legt das Kind dieses gestapelt vor sich hin. Sind alle Pärchen gefunden, werden die „Schachteltürme“ in ihrer Höhe miteinander verglichen, um so den Sieger festzustellen.

Anmerkung: Bei jüngeren Kindern werden weniger, bei älteren mehr Schachteln eingesetzt.
Dieses Spiel lässt sich durch unterschiedliche Materialien, die die Kinder in die Schachteln füllen, immer wieder neu verändern.
Der Unterschied zum herkömmlichen Memory-Spiel besteht darin, dass die Kinder nicht nur die einzelnen Karten auf- und wieder zudecken. Sie können jeweils die Schachteln öffnen, ihren Inhalt anfassen und die Unterschiedlichkeit der Materialien erkennen und fühlen. Außerdem können sie selbst bestimmen, wann und wie dieses Spiel wieder durch neue Gegenstände verändert werden soll.

Sonne, Wind und Regen

Materialvorbereitung: Auf jeweils einem Bogen weißen Fotokarton wird ein Symbol für die unten aufgeführten verschiedenen Wetterlagen groß und deutlich aufgemalt:

Regen
Blitz
Wind
Donner
Sonne
Wolken

Spielverlauf: Jedem Symbol wird ein Laut zugeordnet, der vor Spielbeginn mit den Mitspielern eingeübt wird:

Regen:	Plitsch, Platsch
Blitz:	Ratatata – Zong
Wind:	Huhuhuhu
Donner:	Kawummm
Sonne:	Ahh
Wolke:	Ohhhh

Ein Kind wird zum Spielleiter und steht oder sitzt vor den anderen Kindern. In langsamen, dann immer schneller werdenden Abständen zeigt es die verschiedenen Fotokartons hoch, in der Reihenfolge, die es selbst festlegt.
Die Mitspieler geben nun möglichst schnell, das heißt, wenn sie die entsprechende Karte sehen, den entsprechenden Laut von sich.

Anmerkung: Dies ist ein lustiges unterhaltsames Gemeinschaftsspiel, bei dem es keinen Gewinner bzw. keinen Verlierer gibt. Es kann ebenfalls und mit viel Erfolg und Gelächter auf Elternabenden eingesetzt werden, an denen Eltern zum Spielen geladen sind.

Die Kinder können selbst thematisch andere Lautspiele entwerfen, indem sie selbst Symbole von Dingen aufmalen, die man möglichst einfach mit einem entsprechenden Laut verbinden kann, wie z. B. Tiere, Fahrzeuge oder Gegenstände.

Ping-Pong im Eierkarton

Material-vorbereitung: Ein großer, flacher Eierkarton für ca. 30 Eier wird bemalt. Einige Eierlöcher werden gelb, andere blau, wieder andere rot usw. markiert. Die Farben werden einer Punktezahl zugeordnet; dies wird gesondert an einem Plakat vermerkt, z. B. rot entspricht einem Punkt, gelb zwei Punkten etc.

Spielverlauf: In einem Abstand, der je nach Alter der Kinder kleiner oder größer ist, wird der Karton auf die Erde gestellt.
Die Kinder versuchen nun im Wechsel, einen Tischtennisball in den Eierkarton zu werfen. Die Punkte werden anhand des Farbplakates gezählt, so dass später der Sieger ermittelt werden kann.

Anmerkung: Dieses Spiel ist eher für ältere Kinder geeignet, da es ein hohes Maß an Geduld und Geschicklichkeit voraussetzt.

Sockenparade

Material-vorbereitung: Es werden alle Arten von Socken gesammelt, kleine, große, bunte und gestreifte. Jeweils zwei Socken werden mit unterschiedlichen Materialien gefüllt, wie z. B. Watte, Stroh, Sand usw. Die obere Öffnung wird mit Klettband verschlossen bzw. Klettverschluß zugenäht.
Quer durch den Raum wird eine Wäscheleine gespannt, auf der die Socken bunt durcheinander mit Wäscheklammern aufgehängt werden.

Spielverlauf: Die Kinder verteilen sich auf zwei Gruppen. Die Kinder der ersten Gruppe versuchen – allein oder zu zweit – die Wäsche so zu sortieren, dass immer die mit gleichem Material gefüllten Sockenpaare nebeneinander hängen.
Nun sind die Kinder der zweiten Gruppe an der Reihe und müssen versuchen zu erfühlen, ob die Wäsche „ordnungsgemäß" aufgehängt wurde. Danach wird die Wäsche wieder neu aufgehängt und das Spiel kann mit anderen Kindern neu beginnen.

Anmerkung: Dieses Spiel ist für alle Altersgruppen geeignet. Je nach Alter oder Entwicklungsstand der Kinder werden mehr oder weniger Socken aufgehängt.
Die Kinder können selbst die Socken nach und nach mit anderen Materialien füllen, um das Spiel wieder interessanter zu machen. Die Socken können jederzeit auch in anderen Spielsituationen der Kinder zum Einsatz kommen. Man kann z. B. eine Sockenstraße legen und diese mit nackten Füßen ertasten und erraten.
Kleinere Kinder entdecken in einem mit weichem Material gefüllten Socken eine Puppe oder ein Kuscheltier zum Schmusen.

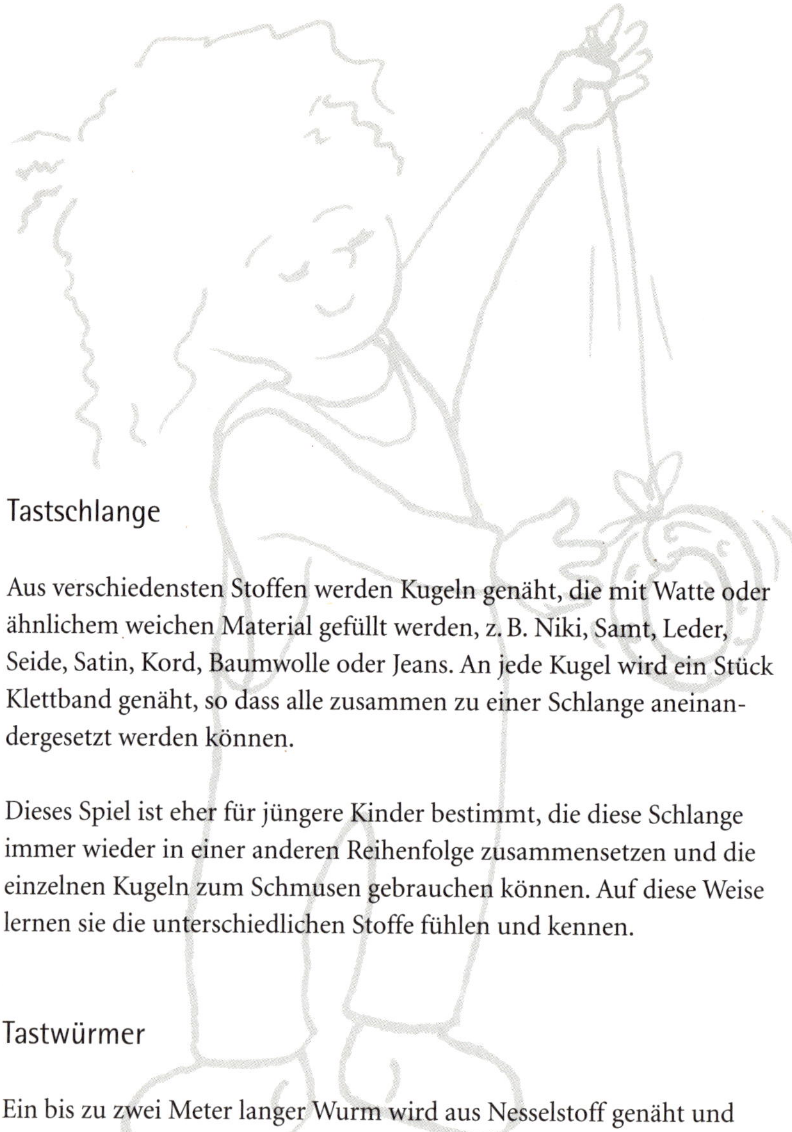

Tastschlange

Materialvorbereitung: Aus verschiedensten Stoffen werden Kugeln genäht, die mit Watte oder ähnlichem weichen Material gefüllt werden, z. B. Niki, Samt, Leder, Seide, Satin, Kord, Baumwolle oder Jeans. An jede Kugel wird ein Stück Klettband genäht, so dass alle zusammen zu einer Schlange aneinandergesetzt werden können.

Spielverlauf: Dieses Spiel ist eher für jüngere Kinder bestimmt, die diese Schlange immer wieder in einer anderen Reihenfolge zusammensetzen und die einzelnen Kugeln zum Schmusen gebrauchen können. Auf diese Weise lernen sie die unterschiedlichen Stoffe fühlen und kennen.

Tastwürmer

Materialvorbereitung: Ein bis zu zwei Meter langer Wurm wird aus Nesselstoff genäht und mit Watte gefüllt. An diesen werden ganz viele lange und kurze Wollfäden geknüpft.

Tastwürmer werden von den Kindern gern zum Schmusen und Kuscheln benutzt.

Taststraße

Material-vorbereitung: Kissenhüllen, selbst genäht oder preiswert gekauft, werden mit den unterschiedlichsten Materialien gefüllt, wie z. B. mit Watte, Stroh, Sand, Plastik.

Spielverlauf: Die Kissen können zu einer Straße gelegt werden, die die Kinder mit offenen oder auch geschlossenen Augen begehen. Dies sollten sie mit nackten Füßen tun, um die unterschiedlichen Materialien spüren zu können.

Jederzeit können die einzelnen Kissen ein Schmusetier ersetzen oder auf andere Weise in einem anderen Spiel der Kinder genutzt werden.

Puzzlesuppe

Materialvorbereitung: Von jedem Kind der Gruppe wird ein Foto in Postkartengröße benötigt. Die Fotos werden jeweils in 5–8 Teile zerschnitten und sorgfältig mit Klarsichtfolie überzogen, um eine längere Haltbarkeit zu gewährleisten.
Ein Fotopuzzle wird jeweils in einen Briefumschlag gesteckt, mit dem entsprechenden Namen des Kindes versehen sowie einem Symbol, an dem das Kind selbst seinen Umschlag erkennen kann.
In einem eigens gestalteten Schuhkarton werden für dieses Spiel diese Briefumschläge gesammelt.

Spielverlauf: Die Kinder, die am Spiel „Puzzlesuppe“ teilnehmen, suchen ihren eigenen Briefumschlag heraus, die einzelnen Puzzleteile werden in einen Topf oder in eine Kiste gegeben, wo dann alle Teile gemischt werden. Das erste Kind entnimmt mit verschlossenen Augen eines der Teile und legt es auf den Tisch. Das nächste Kind macht dies ebenso usw. Das Spiel wird nicht gegeneinander, sondern miteinander gestaltet, d. h. dass die Kinder jeweils die entnommenen Puzzleteile an die bereits auf dem Tisch liegenden anlegen, bis alle Fotos aller Kinder vollständig sind.

Anmerkung: Soll dieses Spiel Wettbewerbscharakter bekommen, so wird jedes Kind das Ziel haben, als erstes sein Foto gelegt zu haben.
Es sollte nur eine begrenzte Anzahl von Kindern teilnehmen, da sie sonst zu lange warten müßten, bis sie endlich an der Reihe wären.
Je nach Wunsch der Kinder können sie selbstverständlich auch Fotos in die Suppe legen, auf denen andere Kinder der Gruppe abgebildet sind.

Geschichtenpuzzle

Materialvorbereitung: Es werden verschiedene Gegenstände, Menschen oder Tiere, Häuser oder Bäume jeweils einzeln auf einem Stück Pappe aufgemalt. Alle Teile werden in eine Kiste gelegt.

Spielverlauf: Eines der Kinder entnimmt zuerst mit geschlossenen Augen drei oder je nach Absprache auch fünf der Pappkärtchen. Die Teile werden vor den anderen Kindern auf die Erde bzw. auf den Tisch gelegt. Nun soll das entsprechende Kind eine kurze Geschichte erfinden bzw. erzählen, in denen diese für alle sichtbaren Symbole eine Rolle spielen. Natürlich können die anderen Kinder behilflich sein.
Danach ist das nächste Kind an der Reihe, um wiederum eine neue kleine Geschichte zu erfinden.

Anmerkung: Es sollten auch hier nicht mehr als 10 Kinder teilnehmen, das Spiel ist eher für ältere Kinder (ab sechs Jahren) bestimmt. Je häufiger sie dieses Spiel spielen, um so fantasiereicher werden die Geschichten. Die Symbole bzw. Gegenstände können jederzeit ergänzt oder ausgetauscht werden.

8 Gemeinsame Spiele ohne Materialien

Viele Spiele lassen sich besser mit einer kleineren Gruppe von Kindern durchführen. Es gibt jedoch auch Gemeinschaftsspiele, die eine größere Anzahl von Kindern erfordern, damit das Spiel spannend und interessant gestaltet werden kann.

Die nachfolgend aufgeführten Spiele zeichnen sich durch wichtige Merkmale aus:

- Man benötigt keine Materialien, denn die Spiele sind pantomimisch ausgerichtet;
- es können relativ viele Kinder, vielleicht sogar die gesamte Gruppe (bis zu 25 Teilnehmer) mitspielen;
- es gibt keinen Gewinner oder Verlierer;
- jedes Kind hat viele Freiräume zum individuellen, fantasievollen Gestalten der Spielidee;
- durch das fehlende Material wird die Vorstellungskraft der Kinder aktiviert;
- die Spielaktionen haben einen gemeinschaftsfördernden Effekt;
- die Spiele finden in humorvoller Atmosphäre statt.

Autowaschanlage

Spielverlauf: Alle Kinder bilden zusammen eine lange „Straße“, indem sie sich in zwei Reihen kniend gegenübersetzen. Die Erzieherin erzählt den Kindern, dass sie alle zusammen eine Autowaschanlage darstellen, in der man Autos waschen lassen kann. Sie lässt die Kinder von eigenen Erlebnissen – vielleicht mit den Eltern oder mit anderen Erwachsenen, die sie im Auto mitgenommen haben – erzählen, was alles in einer solchen Anlage mit den Autos geschieht: Die Autos werden eingeseift, nass gespritzt, kräftig abgeschrubbt und zum Schluss wieder trockengeblasen.
Die Kinder werden nun motiviert, sich als „Autos“ in dieser Waschanlage auch einmal waschen zu lassen. Das erste Kind bewegt sich auf Händen und Knien im „Vierfüßlergang“ langsam durch die „Straße“. Die anderen Kinder rubbeln nun mit ihren Händen auf dem Körper dieses Kindes, so dass das „Auto“ richtig eingeseift, geputzt und zum Schluss auch wieder gut trockengeblasen wird, indem alle Kinder kräftig pusten. Es folgen danach die anderen „Autos“, die auch alle noch einer solchen Wäsche bedürfen.

Variation: Das Spiel kann nach dem gleichen Muster auch als Reparaturwerkstatt gespielt werden. Jedoch sollen die Kinder solch weiterführende Spielideen selbst entwickeln.

Lachstraße

Bei diesem Spiel geht's vor allem um Spaß und Einfallsreichtum!

Spielverlauf: Alle Kinder stellen sich so gegenüber auf, dass eine lange „Straße" entsteht. Die Erzieherin erzählt den Kindern, dass dies eine „Lachstraße" ist, die man ohne zu lachen durchschreiten muss.
Ein Kind versucht nun zuerst, diese „Straße" zu begehen. Die Kinder in den beiden, sich gegenüberstehenden Reihen geben sich die größte Mühe, durch Grimassenschneiden das jeweilige in der Straße befindliche Kind zum Lachen zu bringen, wobei nicht gesprochen werden darf. Am Ende der Straße gibt's Applaus, wenn das Kind nicht gelacht hat.

Kitzelgasse

Spielverlauf: Die Kinder stehen sich in zwei Reihen gegenüber, so dass sie sich mit den Händen leicht berühren können. Die Erzieherin erklärt den Kindern, dass dies eine „Kitzelgasse" sei, die man durchlaufe, indem man von allen Seiten gekitzelt werde.
Ein Kind läuft nun durch diese Gasse, die Hände an den Hüften, ohne sich zu wehren. Natürlich wird es von allen Kindern an allen möglichen Stellen gekitzelt. Je nach Wunsch können dann weitere Kinder diese „Kitzelgasse" durchqueren.

Anmerkung: Es ist für Kinder reizvoll, diese Gasse zu beschreiten, obwohl sie wissen, dass sie kitzelig sind. Dabei ist es ganz wichtig, dass die Kinder vorsichtig und gefühlvoll miteinander umgehen, denn das Kitzeln kann manchmal im Eifer auch etwas rauer ausfallen. Sind die Kinder aber sorgsam miteinander, dann schafft dieses Spiel viel Vertrauen und Vergnügen.

Poststraße

Spielverlauf: Die Kinder sitzen hintereinander in einer Reihe so auf der Erde, dass sie jeweils den Rücken des nächsten Kindes vor sich haben. Die Erzieherin erklärt, dass nun eine wichtige Nachricht verschickt werden müsse und, weil gerade kein Telefon zur Verfügung stehe, diese Nachricht über die „Poststraße“ versendet werde.
Das am Anfang der Reihe sitzende Kind malt nun einen Gegenstand oder Begriff auf den Rücken des Vorderkindes, wie z. B. eine Sonne, einen Stern, ein Haus. Dieses malt nun wiederum das, was es auf seinem Rücken gespürt hat, auf den Rücken des nächsten Kindes. So geht es immer weiter. Das letzte Kind ist nun der Empfänger der Nachricht und gibt bekannt, welche Post es erhalten hat. Stimmt diese noch mit dem überein, was abgesendet wurde? Natürlich gibt es hierbei oft Unterschiede.

Anmerkung: Ziel dieses Spiels ist nicht die perfekte Übereinstimmung der Botschaften, die eher bei älteren Kindern erreicht werden kann, sondern das gemeinsame Erleben von spielerischen Körperkontakten.

Verrückte Stadt

Spielverlauf: Jeweils drei oder vier Kinder stellen sich zusammen in einem Raum zu einer Kleingruppe auf. Die Erzieherin erzählt den Kindern von einer verrückten Stadt, in der keine Ordnung herrsche: Menschen, Tiere und Autos laufen und fahren durcheinander auf der Straße herum, und viele verschiedene Geräusche sind zu hören … Jeder der Kleingruppen wird nun ein entsprechendes Geräusch zugeordnet, wobei die Kinder selbst entscheiden, welches Geräusch sie machen möchten, z. B. Autohupen, Telefonklingeln, das Gebrüll schreiender Kinder, den Lärm bellender Hunde und vieles mehr.
Ein Kind soll nun diese „verrückte Stadt“ zur Ruhe bringen. Mit geschlossenen Augen (Augenbinde) muss es sich durch den Raum vortasten und versuchen, all die Geräusche abzustellen. Die Gruppe, der sich das Kind nähert, gibt das entsprechende Geräusch so lange von sich, bis ein Mitglied der Gruppe entdeckt und berührt wurde. Leise begeben sich alle Gruppenmitglieder zur Seite, während das Kind versucht, den Weg zum nächsten Geräusch zu finden. Sind alle Geräusche abgestellt, kann ein weiteres Kind durch die „verrückte Stadt“ gehen, die vielleicht durch neue, andere Geräusche noch viel „verrückter“ wird.

Variationen: Dieses Spiel lässt sich auf vielfache Weise variieren:
Ein Auto (Kind) fährt beispielsweise durch die verrückte Stadt und immer, wenn es an einer Gruppe vorbeifährt, geben die Kinder dieser Gruppe ihr Geräusch von sich. Oder die „verrückte Stadt“ bewegt sich, indem alle Kinder einzeln durch den Raum laufen und ihre Geräusche von sich geben. Wenn die Polizei (Kind) kommt und sich durch ein „tatütata“ anmeldet, muss die Stadt so schnell es geht wieder in Ordnung gebracht werden, d. h. die Kinder müssen sich wieder in ihren Kleingruppen zusammenfinden und beieinander stehen.

Bojenfahrt

Spielverlauf: Die Erzieherin erzählt den Kindern von einer Schiffsreise, bei der das Schiff ganz vorsichtig fahren müsse, denn es fahre magischerweise ohne Kapitän. Es müsse die Fahrtrichtung finden und orientiere sich dabei an den vielen Bojen, die im Wasser stehen.
Jedes Kind begibt sich als „Boje“ auf das weite Meer und sucht sich dort einen festen Platz.
Ein Kind tritt nun als Schiff die Suche nach der Fahrtrichtung an und geht auf die Reise, wobei es die Augen geschlossen bzw. mit einer Augenbinde verbunden hat. Immer dann, wenn es sich einer „Boje“ nähert, gibt diese einen heulenden Ton von sich und das Schiff muss schnell ausweichen, damit es diese Boje nicht umfährt.

Variation: Das Schiff kann auch von einem Kapitän gesteuert bzw. geführt werden. Diese Rolle übernimmt dann ein anderes Kind, das das Kind mit den verbundenen Augen durch den Raum führen muss. Kreuz und quer gleitet es dann über das Wasser. Dies ist eine Variante, die sich für das Zusammenspiel von älteren mit jüngeren Kindern eignet. Auch hierbei müssen Kinder sorgfältig und verantwortungsvoll miteinander umgehen. Sie lernen dabei, einander zu vertrauen.

Lebendiges Memory

Spielverlauf: Jeweils zwei Kinder finden sich zusammen und besprechen ein gemeinsames Zeichen, z. B. ein Kopfnicken, ein Schulterzucken oder eine kreisende Bewegung ihrer Hände. Die Kinder sollen hierbei ihre eigenen Ideen und Vorstellungen entwickeln.
Danach verlässt ein Kind das Zimmer. Alle Mitspieler verteilen sich einzeln im Raum, so dass das jeweilige Pärchen voneinander getrennt ist. Das draußen wartende Kind kommt wieder herein, um „Memory“ zu spielen. Es geht durch den Raum und berührt dabei die einzelnen Kinder, die, wenn sie berührt werden, ihre Bewegung zeigen. Das Kind hat nun die Aufgabe, herauszufinden, an welchen Bewegungen ein Pärchen zu erkennen ist und welche Kinder ein solches Pärchen bilden. Die gefundenen Paare stellen sich zur Seite, bis alle Kinder einem anderen zugeordnet worden sind.
Danach verlässt ein anderes Kind den Raum und die Pärchen vereinbaren neue Zeichen miteinander.

Variationen: Dieses Spiel ist veränderbar, indem die Kinder auch Laute oder Grimassen als gemeinsame Zeichen vereinbaren.

Flüsterkette

Spielverlauf: Die Kinder stehen sich in zwei Gruppen so gegenüber, dass ungefähr zwei Meter Abstand zwischen ihnen liegt. Ein Kind der ersten Gruppe flüstert nun den Namen eines Kindes aus der Gruppe, die gegenüber steht. Dieses Kind setzt sich sofort hin, sobald sein Name geflüstert wurde. Das sitzende Kind flüstert nun wiederum den Namen eines Kindes der anderen Gruppe, was sich dann auch hinsetzen muss. Das Spiel ist beendet, wenn alle Kinder sitzen.

Anmerkung: Obwohl die Kinder hierbei sehr leise und aufmerksam sein müssen, genießen sie dieses eher stille Spiel, da sie mit Spannung erwarten, welcher Name als Nächstes genannt wird.

Variation: Dieses Spiel lässt sich natürlich auch als „Schreikette“ durchführen.

Ich sage dir, was du mir zeigst

Spielverlauf: Jedes Kind sucht sich einen Partner. Innerhalb des Paares abwechselnd macht nun eines der Kinder eine Bewegung bzw. eine Geste vor und das andere Kind gibt einen passenden Kommentar dazu ab. Fällt beispielsweise das erste Kind hin, so ruft das andere Kind: „Aua!“ Die Rollen sollten auch hier nach einer Weile vertauscht werden.

Anmerkung: Es macht Kindern Spaß, sich immer wieder neue Bewegungen einfallen zu lassen. Außerdem brauchen sie ein wenig Schlagfertigkeit, um einen passenden Kommentar zu finden.

9 Improvisationsspiele mit dem Körper

Improvisieren, erfinden und entdecken kann jeder Mensch, schon als Kind, auch ohne Material. Ein Kleinkind greift, krabbelt oder läuft. All dies lernt es durch Anregungen und Erprobung. Das Kind begreift sich nach und nach als Urheber seines Tuns und entwickelt durch Ausprobieren, Entdecken und Wiederholen seine Fähigkeiten.
Der Körper und seine Sinne sind die wesentlichsten Erlebnisquellen eines jeden Menschen.
Ein Kleinkind, das sich spielerisch mit seinen Gliedmaßen beschäftigt, geht damit auf die erste Entdeckungsreise, es erkundet seinen Körper. Gerade im Kindergarten muss dafür gesorgt werden, dass Kinder, wenn sie spielen, die Möglichkeit haben, ihre Umwelt mit all ihren Sinnen wahrzunehmen und ihre sinnliche Wahrnehmung immer mehr zu verfeinern.
In den nachfolgend beschriebenen Partnerspielen geht es um Körpererfahrungen. Kinder können sich durch die beschriebenen vielfältigen Bewegungsideen selbst kennen lernen und sich ein Bild von ihrer eigenen Person und ihrem Körper aufbauen. Dabei entdecken, erfinden und improvisieren sie mit ihrem Körper lustige, komische, schwierige und seltsame Bewegungskombinationen. Sie erfahren ihre eigenen Grenzen im körperlichen Tun und spüren Spannung und Entspannung; sie erleben, dass ihr Körper zu sprechen beginnt, wenn sie durch Bewegung ihre Gefühle ausdrücken und entdecken die Bedeutung von Gestik und Mimik. Sie verarbeiten Gefühle und Stim-

mungen, wenn sie z. B. mit viel Kraft und Anspannung die Fäuste einsetzen und so die eventuell vorhandene Wut in Bewegung umsetzen. Damit gewinnen Kinder Vertrauen in ihre eigenen Ausdrucksmöglichkeiten und lernen Varianten der Körpersprache kennen.
Nicht weniger bedeutsam sind bei diesen Partnerspielen die sozialen Erfahrungen. Ein Kind erfährt sich ganz unterschiedlich, je nachdem, ob der eigene Körper selbst oder vom Partner bewegt und aktiviert wird, ob man – je nach Spielregel – aktiv oder passiv während des Spiels ist. Partnerspiele mit dem Körper tragen dazu bei, dass ein Kind Selbstvertrauen und gleichzeitig Vertrauen zu anderen Menschen aufbaut.

Zur Durchführung dieser Spiele wird ein geeigneter Raum benötigt. Je nach Größe des Raumes können etwa 10 bis 16 Kinder (5 bis 8 Paare) teilnehmen.
Die Spielleiterin / Erzieherin ist aktive Teilnehmerin in einer dieser Paarkombinationen. Sie ist wie so oft in der Rolle des Vorbildes und sollte mit Begeisterung und durch eigene Bewegungsideen die Kinder zu mutigem Experimentieren mit der Körpersprache anregen.
Eine Erzieherin, die in der Lage ist, sich selbst impulsiv, spontan und frei zu bewegen, wird den Kindern durch ihre lebendige Körpersprache Mut machen, komische, seltsame und originelle, manchmal auch akrobatische Bewegungsvarianten zu erfinden.
Es ist wichtig darauf zu achten, dass in diesen Partnerspielen die Rollen nach einiger Zeit getauscht werden, damit jeder einmal einen aktiven oder passiven Part übernehmen kann.

Improvisation „Spiegel"

Spielverlauf: Jedes Kind sucht sich jeweils einen Partner oder eine Partnerin. Innerhalb dieser Paarkombinationen ist nun ein Kind in der Rolle des „Spiegels“ und somit in der Rolle des „Antwortenden“. Das andere Kind steht nun vor diesem Spiegel und bewegt sich so, wie es gerne möchte. Es kann Arme, Beine, Hände, Kopf und Bauch bewegen und dabei die interessantesten Figuren entstehen lassen. Aufgabe des Spiegels ist es, möglichst zur gleichen Zeit diese Bewegungen nachzuahmen. Nach einer Weile werden die Rollen getauscht.

Anmerkungen: Dieses Spiel ist für Kinder ab vier Jahren bestimmt. Je älter die Kinder sind, umso komplexer gestalten sie ihre „Verrenkungen“, um den „Spiegel“ herauszufordern.

Improvisation „Echo"

Spielverlauf: Wieder sucht sich jedes Kind einen Partner. Das eine Kind ist in der Rolle des „Echos“, wobei selbstverständlich alle teilnehmenden Kinder wissen sollten, was ein Echo ist.

Das andere Kind ist zunächst in der Rolle des Aktiven und darf Bewegungen und Bewegungsabläufe mit dem Körper vorgeben. (Das Echo ist hierbei nicht als akustischer, sondern als optischer Widerhall gemeint.) Wie bei einem Echo antwortet das eine Kind mit einer Zeitverzögerung und wiederholt die Bewegungen seines Partners. Es ist manchmal nicht einfach, sich alle Bewegung zu merken, die das andere Kind vorgemacht hat, aber auch hier geht es selbstverständlich nicht um das perfekte Nachahmen, sondern um Spaß und Einfallsreichtum im Umgang mit der Körpersprache.

Fotografenspiel

Spielverlauf: Jedes Kind sucht sich einen Partner. Ein Kind ist in der Rolle des „Fotografen", der das andere Kind fotografieren möchte. Der Fotograf kann nun sein „Modell" so hinstellen, wie er es möchte. Er formt und bewegt es an Armen, Beinen, an Kopf und Bauch. Dies ist natürlich auch im Liegen oder in der Sitzposition möglich. Hat der Fotograf endlich sein Modell in Position gebracht, macht er ein „Foto", indem er pantomimisch das Fotografieren darstellt. Danach werden die Rollen getauscht.

Anmerkung: Dieses Spiel ist für Kinder ab fünf Jahren geeignet, denn gerade ältere Kinder lieben es, ausgefallene Modelle zu gestalten. Es ist nicht nur als Pantomimenspiel möglich, man kann auch einen echten Fotoapparat einsetzen.

Führen und Folgen

Spielverlauf: Jeweils zwei Kinder bilden ein Paar. Eines der Kinder, das „Führende", gibt vor, wie sich beide hintereinander durch den Raum bewegen sollen. Man kann schleichen, trippeln, die Arme in die Luft strecken und auf Zehenspitzen gehen. Man kann stolpern, kriechen, tänzeln und hüpfen. Das andere Kind folgt dem „Führenden" und bewegt sich in der gleichen Weise.
Die Rollen werden auch hier nach einiger Zeit getauscht.

Klebespiel

Spielverlauf: Dieses Spiel ist ebenfalls ein Partnerspiel, aber ohne unterschiedliche Rollenverteilung. Pantomimisch, mit bewusst übertriebenen Bewegungen rührt die Erzieherin in einem riesigen imaginären Topf voller Kleister. Die teilnehmenden Kinder helfen mit und alle rühren gemeinsam, bis der Kleister fertig angerührt ist. Jedes Kind sucht sich nun einen Partner ebenso wie die Spielleiterin.

Die Kinder tun nun so, als würden sie ihrem Partner – und der ihnen – mit einem dicken Pinsel den Kleister aus dem Topf auf die Arme pinseln. Legen die Kinder die Arme aneinander, dann kleben die Pärchen nun selbstverständlich aneinander fest. Mit diesen zusammengeklebten Armen sollen die Paare nun versuchen durch den Raum zu gehen, sich zu bücken und sonstige Bewegungen zu machen, ohne sich zu trennen, denn in der Vorstellung hält der Kleister an den Armen sie ja zusammen.

Eine Zauberkraft löst die festgeklebten Körperteile wieder voneinander und die Kinder suchen sich andere Körperteile aus, an denen sie sich mit „Kleister" bestreichen.

Anmerkung: Dieses Spiel macht Kindern sehr viel Spaß, da das hier erforderliche hohe Maß an Anpassungsfähigkeit verbunden ist mit der kindgerechten, irrealen Ebene der Fiktion, auf der ganz einfach Körperteile zusammengeklebt werden.

Denkmalspiel

Dieses Spiel ist sowohl für jüngere, als auch für ältere Kinder geeignet.

Spielverlauf: Die Kinder suchen sich jeweils einen Partner. Immer eines der Kinder ist das „Denkmal“. Es stellt sich in einer frei erfundenen und gewählten Position vor seinen Partner. Viele Möglichkeiten einer Positur sind denkbar: Man verrenkt die Arme, spreizt die Beine, legt sich auf den Boden, steht auf einem Bein oder dreht sich um. Es geht darum, eine möglichst originelle Positur zu entwerfen. Der Partner bekommt die Aufgabe, diese Figur genauso nachzustellen, direkt neben oder vor dem Denkmal. Auch hierbei werden die Rollen nach einer Weile getauscht.

Variation: Wenn beide Kinder eines Pärchens bereits mehrmals das „Denkmal“ gespielt haben, werden sie ermuntert, das Spiel einmal mit verbundenen Augen durchzuführen. Dazu legt das Kind, welches das „Denkmal“ nachstellen will, zunächst eine Augenbinde an. Es muss dann sein „Denkmal“ ertasten, um dessen Position genau nachstellen zu können. Ist das zweite Kind der Ansicht, dass es die Position des ersten richtig nachgeahmt hat, wird die Augenbinde abgenommen, beide Kinder müssen aber in ihren Positionen verharren, damit die beiden „Denkmäler“ miteinander verglichen werden können.
Für ältere Kinder ist dieses Spiel auch als „Doppeldenkmalspiel“ geeignet. Dies bedeutet, dass jeweils zwei Pärchen gemeinsam die entsprechenden Aufgaben im Wechsel übernehmen. Ein Paar bildet das Denkmal, das zweite stellt dieses nach. Diese Aufgabe mit verbundenen Augen durchzuführen ist auch für ältere Kinder eine echte Herausforderung.

Erfrischungsspiel

Dieses Partnerspiel ist in einem sehr heißen Sommer entstanden, als es im Gruppenraum so unangenehm heiß war, dass Kinder und Erzieherinnen nur noch nach draußen fliehen konnten und es auch dort nur leicht bekleidet und mit viel Wasser – innerlich und äußerlich „angewandt" – ausgehalten haben.

Spielverlauf: Die Kinder entkleiden sich je nach Wunsch nackt oder halbnackt und bilden Paare. Eines der beiden Kinder jeder Gruppe bekommt einen dicken Pinsel, das andere legt sich auf den Boden. Ein großer Eimer mit klarem Wasser steht in der Mitte, um die Pinsel einzutauchen, mit denen das liegende Kind „angemalt" und auf diese Weise erfrischt wird. Nach einer gewissen Zeit tauschen die Kinder ihre Positionen, so dass jedes einmal angenehm nass werden kann.
Viele Kinder sind kitzelig. So geht es bei dieser Malerei oft sehr lustig und lebhaft zu.

10 Begleitete Spiele in die Welt der Fantasie und der Fiktion

Je nach Spielsituation, in der Kinder sich befinden, ist es die Aufgabe der Erzieherin, die Spielaktivitäten durch Impulse zu unterstützen und zu begleiten.

Wir alle kennen die schon immer beliebten Rollenspiele wie „Vater, Mutter, Kind“ oder „Doktor“, in denen Kinder in die ihnen bekannten Rollen schlüpfen. Sie spielen eigene oder beobachtete Lebenssituationen nach und setzen sich dabei mit den unterschiedlichen Rollenanforderungen und Erfahrungen des Lebensalltags auseinander.

Es gibt aber auch Rollenspiele oder szenische Spiele, in denen reale Momente des Alltags nur eine untergeordnete Rolle spielen. Im Vordergrund steht bei diesen die Fiktion, die Illusion und Fantasiewelt. Sie ist zwar in jedem anderen Rollenspiel auch vorhanden, doch die hier gemeinten Spiele sind fantastische Spiele, die jeglichen Realitätsbezuges entbehren.

„Das Kind hat nicht nur seinen Verstand, der in der Schule, und den des Körpers, der auf dem Sportplatz entwickelt werden kann und wird, sondern es besitzt eine dritte Kraft, um die man sich zu wenig kümmert, die deshalb verkümmert und deren Verkümmerung für das Kind, für seine Zukunft und die menschliche Gesellschaft seit langem bedenkliche Folgen hat.

Diese dritte ungeübte, zum Dahindämmern verurteilte Kraft ist die Fantasie. Man staunt immer wieder, wie wenig Menschen, so klug sie sonst sein mögen, merken, welche Krisen im privaten wie auch im politischen und sozialen Leben die Verzwergung und die Verödung der Phantasie mit sich bringt.“ (Erich Kästner, zitiert nach: „Phantastisch“ – Jugendkunstschulmagazin, 1995, 2)

Es ist also wichtig, die Freude am Improvisieren und die spontanen, fantasievollen und fantastischen Einfälle von Kindern im Spiel und durch das Spiel zu fördern. Sie brauchen Erwachsene, die bereit sind, mit Kindern in die Welt des Unbekannten, des Fantastischen vorzudringen. Dazu muss nur das magische Erleben, das Kindern in ihrer Entwicklung selbstverständlich ist, ein wenig unterstützt und gefördert zu werden. In der vertrauensvollen Beziehung zu dem erwachsenen Partner können Kinder Spiele und Geschichten voller Hexen, Kobolde, Geister und Feen voller Begeisterung genießen und ausgestalten und dabei erspüren, wie sie in der Rolle der Hexe, als Gespenst oder Fee ungewöhnlich oder fremd auf andere wirken oder Erstaunen und sogar Furcht auslösen können.

Hexen, Zauberer, Geister und Gespenster können für Kinder die Personifizierungen von Ängsten darstellen. Wie Erwachsene auch haben Kinder so manche begründeten oder unbegründeten Ängste. Magische Figuren geben die Möglichkeit, beängstigende Situationen nachzuspielen und zu verarbeiten. Damit zeigen Kinder ihre Ängste nach außen, können sie selbst dosieren und vor allem über sie reden. Wichtig ist für sie auch die Erfahrung, beispielsweise in der Rolle einer Hexe für eine Weile über eine gewisse, erdachte Macht zu verfügen. Damit werden Ohnmachtsgefühle kompensiert, mit denen Kinder unweigerlich hin und wieder konfrontiert sind angesichts der Welt der Erwachsenen, deren Regeln sie zu befolgen haben.
Die Erzieherin ist auch hierbei, wie so oft, in der Rolle der Begleiterin. Sie beobachtet zunächst die Spielsituation der Kinder und kann dann in geeigneten Situationen Impulse setzen, die das szenische Spiel fördern und lenken.
Materialien und Requisiten unterstützen das szenische Rollenspiel mit fantastischem Inhalt. Durch solche Spielaktivitäten können Kinder ein hohes Maß an Vorstellungskraft und Improvisationsvermögen entwickeln. Gleichzeitig sind die szenischen Spiele ein Medium, das dazu dienen kann, sich miteinander über Gefühle, Fantasien, Träume und Wünsche auszutauschen. Dabei wird den Kindern aber auch die Erfahrung vermittelt, wie eben diese innere Wirklichkeit nach außen dargestellt und zum Ausdruck gebracht werden kann. So kann das Kind seinen Ängsten in einem sicheren Rahmen Gestalt geben. Das Gefühl von Faszination in der irrealen Situation des Spielgeschehens fördert Neugierde und Begeisterung für die Entdeckung bisher Unbekannten.

Die Reise ins „Weiße Land"

Spielverlauf: Der Erzieher oder die Erzieherin erzählt den Kindern von einem geheimnisvollen „Weißen Land“, in dem alles Sichtbare weiß ist. Alle Kinder, die mit in dieses Land reisen möchten, sollten daher ein weißes T-Shirt oder einen weißen Pullover tragen. In einem dunklen Raum wird eine Schwarzlichtröhre aufgestellt und angeschaltet.
Zusammen mit den Kindern wird überlegt, womit alle verreisen, vielleicht mit dem Flugzeug, mit einer Rakete oder mit einem Zauberspruch. Es werden auch Überlegungen darüber angestellt, durch welche anderen Länder diese weite Reise ins „weiße Land“ wohl führen könnte. Gemeinsam wird eine Reiseroute festgelegt, die dann auf einem Blatt Papier aufgemalt wird. Es sind die fantastischsten Stationen bei einer solchen Reise denkbar. Nicht planbar ist, welche Ideen die Kinder einbringen werden, doch sollten einige Anregungen hier genannt werden: Vielleicht müssen alle erst durch „Krabbelland“, durch „Klatschdorf“ oder „Schreihausen“, vielleicht durch das Land der Riesen, Zwerge, Geister oder Gespenster. Es könnten hier viele „Traumländer“ aufgezählt werden. Aufgabe des Erwachsenen ist es, die Ideen der Kinder aufzugreifen und mit ihnen festzulegen, durch welche anderen Länder der Weg zum „Weißen Land“ führt.
Im Reiseplan wird auch festgelegt, wo (d. h. in welchem Raum) die verschiedenen Länder zu finden sind. Die Reise kann losgehen und alle steigen in das bestimmte Reisegefährt, beispielsweise in ein Flugzeug, ein. Hand in Hand, Schulter an Schulter oder mit ausgebreiteten Armen starten die Kinder, fahren oder fliegen so lange, bis sie das erste Land (den entsprechenden Raum) erreicht haben. Hier wird dann gelandet oder gehalten und alle Reisenden überlegen, wie die Menschen in diesem Land leben, wie sie sich bewegen, was sie den ganzen Tag so machen. An dieser Stelle sind es wieder die Fantasien der Kinder, die darüber entscheiden, was in diesem Land passieren soll.
Der Erwachsene ist aktiver Mitreisender und begleitet die Kinder,

indem er ihre Vorschläge aufgreift und gemeinsam mit ihnen in Aktion umsetzt: In „Schreihausen“ werden alle so laut schreien, wie sie können, in „Krabbelland“ krabbeln alle dort lebenden Menschen über Tische und Stühle, im „Tal der Gespenster“ verwandeln sich geheimnisvoll nach und nach alle Kinder in Gespenster, indem sie sich huschend fortbewegen.
Die Kinder selbst bestimmen die entsprechenden Aktionen. Sie sind die Akteure dieser Reise.
Irgendwann ist das Ziel erreicht und das „Weiße Land“ ist in der Nähe. Die Erzieherin bedeutet den Kindern, ganz leise zu sein, wodurch ein Gefühl von Spannung entsteht. Vorsichtig betritt sie mit den Kindern das „Weiße Land“, wo nun alle Reisenden in leuchtendem Weiß erstrahlen, denn sie befinden sich in dem zuvor mit einer Schwarzlichtröhre präparierten, aber sonst dunklen Raum. Nun kann man bei geheimnisvoller Instrumentalmusik einen Zaubertanz mit den Kindern tanzen, eine Geschichte vom „Weißen Land“ erfinden und erzählen, warum dort alle Menschen weiß aussehen. Weitere Ideen der Kinder sollten unbedingt aufgegriffen werden. Eine weitere, spannende Möglichkeit ist es, die Kinder aufzufordern, alle weißen Dinge ins „weiße Land“ zu holen, die in ihrem Kindergarten zu finden sind, wie z. B. weiße Tücher, weiße Teller, weiße Plüschtiere, weißes Papier. Irgendwann werden alle Menschen im „Weißen Land“ müde, legen sich hin und schlafen. Die Schwarzlichtröhre wird ausgeschaltet und alle finden sich im Kindergarten wieder.

Auf dem Hexendachboden

Spielverlauf: Fast in jeder Kindertageseinrichtung kommt irgendwann, durch welche Momente auch immer, eine Hexe ins Spiel. Durch ein Bilderbuch, ein erzähltes Märchen erhalten Kinder den Impuls, sich mit etwas auseinander zu setzen, was ihnen fremd und fantastisch ist. Wie so oft ist hier wieder das Geschick der Erzieherin gefragt, wenn es darum geht, durch angeleitete fantasievolle Begleitung die Kinder durch die „Hexenwelt“ zu führen. Je nach Bedürfnis und Interesse der Kinder kann diese Welt mit spannenden, improvisierten und fremdartigen Ideen gestaltet werden. Kinder und Erzieherinnen erleben gemeinsam das Gefühl der Andersartigkeit, wenn sie sich in lustige, böse, alte oder kluge Hexen verwandeln. Es wäre möglich, das gesamte Hexenrepertoire miteinander aufzuzählen, zu beschreiben und Hexenutensilien herzustellen, wie z. B. ein Hexenbuch, in dem die Hexenbriefe, Zaubersprüche und Hexengeschichten aufgeführt werden, ein Hexenbüfett, wo gebackene Fingerspitzen und marinierte Spinnen gespeist werden, oder aber eine Hexenwerkstatt, in der man fremdartige Hexeninstrumente bauen kann.

Variation: Eine weitere kreative Idee ist ein Erlebnis auf dem „Hexendachboden“. Dazu wird den Kindern erzählt, dass Hexen ihre Hexenutensilien immer an einem geheimen Ort aufbewahren, nämlich auf dem „Hexendachboden“. In der Turnhalle oder einem anderen zur Verfügung stehenden Raum wird mit Möbeln, Tischen, Stühlen, Bänken und vorhandenen Sportgeräten ein Parcours gestaltet, der durch den gesamten Raum führt. Es sollte darauf geachtet werden, dass alle Objekte gesichert aufgestellt sind. Sie sollten auch so platziert sein, dass verschiedene Bewegungen notwendig sind, um sich durch den Raum bewegen zu können, wie z. B. zu kriechen, klettern, springen. Auch in diese Vorbereitungen können die Kinder einbezogen werden. Weiterhin wird der Dachboden mit den notwendigen Utensilien geschmückt, die zu einer Hexe gehören könnten. Fledermäuse könnten gestaltet und unter die Decke gehängt werden; weiße Decken und Tücher sowie aus weißer Wolle gefertigte Spinnweben sorgen für Atmosphäre auf einem Hexendachboden. Der Weg für den Parcours wird mit einem weißen Klebeband auf dem Boden markiert. Bei allen Requisiten sollte ausschließlich weiße Farbe gewählt werden. Zum Schluss wird in diesem Raum eine Schwarzlichtlampe aufgehängt, so dass eine angenehm geheimnisvolle Stimmung aufkommt.

Die Erzieherin hat ohne Wissen der Kinder einen „Schatz" auf dem Dachboden versteckt, eine kleine Kiste. Sie verkleidet sich als Hexe, wobei diese Rolle jederzeit auch von einem Kind übernommen werden kann. Sie tut sehr geheimnisvoll, wenn sie den Kindern von dem Schatz auf dem Hexendachboden erzählt und ihnen dabei auch erklärt, dass alles Wissen um den Hexenschatz auch in der Hexenfibel nachzulesen sei. Die Fibel in der Hand liest sie weiter, dass nur weiße Hexen den Dachboden betreten dürfen, um nach dem Schatz zu suchen. Daher suchen die Kinder gemeinsam alle weißen Dinge zusammen, die sie finden können und bekleiden sich damit. Manche entdecken auch ein weißes Kleidungsstück an sich, andere besorgen weiße Farbe und bemalen ihr Gesicht, mit weißen Tüchern und Krepppapier werden Verkleidungen gebastelt. Bald gibt es lauter kleine Hexen, die den Dachboden erkunden können.
Um die Spannung aufzubauen, wird erst jetzt das Schwarzlicht angeschaltet. Alle Hexen untersuchen jetzt den Dachboden, klettern, steigen und erkrabbeln die in dem Licht seltsam erscheinenden Geräte.
In dieser Situation ist es wichtig, die unterschiedlichen Stimmungen der Kinder zu beobachten, sie erzählen und erleben zu lassen und sie in ihrer Fantasie zu unterstützen, welche Ideen sie auch immer haben werden.
Irgendwann wird der Schatz entdeckt, der natürlich auch mit weißer Farbe bemalt ist.

Ganz klar, dass sich ein solcher Schatz nur mit einem Hexenspruch öffnen lässt. Dieser wird von den Hexen gemeinsam gedichtet und könnte wie folgt lauten:

> Eine Hexe bin ich nun, muss hier meine Arbeit tun.
> Ich reibe mir jetzt meinen Bauch.
> Ich spüre einen leichten Hauch.
> Und heb' ich meine Arme dann,
> schaut her, was ich jetzt zaubern kann.

Nachdem der Hexenspruch mit der dementsprechenden „hexenhaften" Stimme aufgesagt wurde, kann die Schatzkiste geöffnet werden. Darin könnte sich eine Flasche mit Hexenpulver (Brause) oder Hexensaft befinden, den die Hexen gemeinsam zu sich nehmen. Dieser hat natürlich wiederum eine „zauberhafte" Wirkung, denn die Hexen spüren sofort die Kraft, die von diesem Pulver oder Saft ausgeht. An dieser Stelle sind den Fantasien der Kinder wieder keine Grenzen gesetzt, wenn sie davon berichten und sich darüber austauschen, welche Wirkung sich denn bei ihnen bemerkbar macht. Bald müssen auch die Hexen wieder zurück in ihre Hexenstube und alle finden den Weg über den Dachboden zurück in den Gruppenraum.

Im Feenwald

Spielverlauf: Ebenso wie die Hexe ist die Fee für die Kinder eine Figur aus der Märchen- und Fantasiewelt. Auch im „Land der Feen“ gibt es unzählige Möglichkeiten, auf spielerische Weise das märchenhafte Leben dieser Figuren nachzuempfinden und eigene fantasievolle Vorstellungen und Träume zu wecken und zu entdecken.

Ein Erlebnis kann im „Feenwald“ stattfinden: Die Erzieherin erzählt von einer Fee mit dem Namen Clarissa, die eine ganz besondere Fee ist, eine Fee, die außergewöhnliche Kräfte besitzt. Diese Fee kann mit Hilfe eines blauen und eines roten Tuches die Zauberbäume im Feenwald schlafen oder erwachen lassen. Ein Kind übernimmt die Rolle dieser Fee und wird dementsprechend verkleidet. Die Fee verzaubert zunächst alle Kinder (es ist eine Gruppe bis zu 16 Kindern möglich) in Zauberbäume. Diese Zauberbäume stehen nun im Feenwald und warten darauf, dass die Fee sie mit dem roten Tuch berührt, so dass sie wach werden und sich bewegen können. Die Fee tänzelt mit federleichten Schritten durch den Wald und berührt einige der Bäume, die sich auch sogleich zu bewegen beginnen, jedoch auf der Stelle stehen bleiben. Sie benutzt bald auch das blaue Tuch, um die Bäume wieder in den Schlaf zu verzaubern und wechselt dann ständig zwischen „roter“ und „blauer“ Berührung. So wird der Wald durch die Macht der Fee einmal beweglich und einmal unbeweglich. Die Fee kann entscheiden, welcher der Bäume lange wach bleiben und welcher immer wieder aufs Neue schlafen soll.

Nicht nur die verzauberte, verkleidete Fee ist es, die die Stimmung in dem Feenwald prägt. Der Raum kann leicht abgedunkelt sein und eine leichte Instrumentalmusik als „Feenmusik“ kann die Fee auf ihrem Weg begleiten.

Je nach Situation kann dann die Fee ihre Kräfte auf ein anderes Kind übertragen. Diese neue Fee sucht sich selbst einen neuen Namen und kann nun ihrerseits überlegen, welche außergewöhnlichen Kräfte sie hat. An dieser Stelle sind den Ideen der Kinder keine Grenzen gesetzt. Die Erzieherin motiviert und unterstützt die Kinder in ihren meist fantasievollen Vorschlägen und begleitet sie einfühlsam.

Variation: Eine andere Möglichkeit ist, dass die „Zauberbäume" alle ein Instrument bekommen, welches immer dann erklingt, wenn der Baum durch die Berührung der Fee wach geworden ist.
Wieder eine andere Spielmöglichkeit ist die folgende: Alle „Bäume" suchen sich einen Gegenstand im Raum, mit dem sie „Krach" machen können, wenn sie zum Leben erweckt werden; oder alle Bäume fallen um, wenn sie mit dem blauen Tuch berührt werden bzw. sie richten sich wieder auf und gehen weg, wenn das blaue Tuch sie berührt hat.

11 Eine Reise in das Land der Zauberspiele

An dieser Stelle möchte ich kurz beschreiben, durch welch einen Zufall in einer Kindertagesstätte ein Impuls der Erzieherin dazu führte, dass die Kinder sich nicht nur wochenlang mit der Zauberei beschäftigten, sondern heute noch, viele Monate später, immer wieder aufs Neue zu fantasievollen und ungewöhnlichen Ideen kommen.
Die Erzieherin trug an einem Morgen einen Ring am Finger, der durch seine Größe und interessante Form auffiel. Er bestand aus durchsichtigem Material und es bewegte sich blaues Wasser darin. Auf die Frage der Kinder, denen der Ring sogleich auffiel, was das denn für ein Ring sei, gab die Erzieherin die spontane Antwort, dass dies ein „Zauberring" wäre. Das Interesse der Kinder wuchs und sie forderten die Erzieherin gleich auf, damit zu zaubern.
Leider hatte diese gerade den Zauberspruch vergessen. Darum waren alle gleich bemüht, schnell einen neuen zu erfinden. Es entstand folgender Spruch:

> Zaubern, das ist gar nicht schwer, ein Zauberspruch, der muss jetzt her,
> klatsche dreimal in die Hand, stampfe feste mit dem Fuß,
> nicke dann mit deinem Kopf, drücke hier auf diesen Knopf
> und dann spürst du eine Kraft, die das Zaubern dir verschafft.

Alle Kinder beflügelte dieser Spruch, sie begleiteten ihn wie selbstverständlich mit den entsprechenden Bewegungen und staunten dann natürlich, als die „Zauberkraft" endlich ihre Wirkung zeigte; sie befanden sich also sofort in einem szenischen Spiel. Die Erzieherin schnitt

einen Apfel in zwei gezackte Hälften und setzte ihn danach wieder so zusammen, dass nichts vom Schnitt zu sehen war. Nachdem dann der Zauberspruch abermals die Kräfte hervorlockte, staunten alle über den Zauberapfel, der bis heute immer wieder dann gezaubert wird, wenn die Kinder zum Frühstück einen Apfel mitbringen und vor der Erzieherin stehen mit der Bitte: „Verzauberst du ihn?"
Aufbauend auf dieser Situation wurden den Kindern die unterschiedlichsten Materialien zur Verfügung gestellt, mit denen sie eifrig alle möglichen Utensilien erstellten wie Zauberhüte, Zauberstäbe und eine mit Glitzer beklebte Flasche, in die Zaubersalz gefüllt wurde.
Dann wurde ein Zauberbuch gebastelt, in dem mit Hilfe der Erzieherin alle Zaubersprüche aufgeführt wurden, die die Kinder im Laufe der Zeit dichteten.

An dieser Stelle sollen zwei von ihnen genannt werden:

Ich bin ein Zauberer, schau einmal her,
das Zaubern fällt mir gar nicht schwer.
Ich schließ' die Augen, bin ganz still
Und sag euch dann, was ich jetzt will.
Ich möchte, dass …

Ich strecke meine Arme aus.
Ich atme ein und wieder aus,
ich wackel' hin und dann noch her,
jetzt fällt das Zaubern nicht mehr schwer.

Diese selbst erfundenen Zaubersprüche motivierten die Kinder, sich gegenseitig etwas vorzuzaubern. Gerade jüngere Kinder spielen dieses Spiel gerne, in dem es darum geht, „so zu tun, als ob …“ Sie sind noch stärker in der Auseinandersetzung zwischen Realität und Fantasie, während ältere Kinder, wenn sie ein Kunststück durchschauen, dieses mit den Worten begleiten: „Ich weiß doch, wie das geht.“ Älteren Kindern sollte man deswegen das Experimentieren mit „richtigen“ Tricks anbieten, die einiger Übung und Vorbereitung bedürfen, wie später noch beschrieben werden wird.

12.1 Ein Zauberspiel für jüngere Kinder

Zauberkönig „Tinizong"

Ein Lieblingsspiel jüngerer „Zauberer“ (3–6 Jahre) könnte das Spiel des Zauberkönigs „Tinizong“ werden.

Spielverlauf: Ein Kind spielt den Zauberkönig „Tinizong“. Es verkleidet sich mit einer Zauberkrone und einem Umhang und hat eine Handtrommel bei sich. Die anderen Kinder (etwa 14 Kinder können zur Gruppe gehören) sitzen verteilt im Raum, während der König mit großen Schritten zwischen ihnen herumläuft. Die Kinder sagen folgenden Spruch zum König:

„Großer König Tinizong mit dem großen Zaubergong,
ach, so sag' uns bitte nun, was dürfen wir heut für dich tun?“

Jeweils bei „… zong“ und „… gong“ schlägt der König auf seine Trommel. Er darf nun entscheiden, in was er seine „Untertanen“ verzaubern möchte, z. B. in ein bestimmtes Tier. Je nach Entscheidung gibt er dann zur Antwort: „Ihr sollt alle Affen sein.“ Die anderen Kinder müssen sich nun schnell in Affen verwandeln und die passenden Geräusche und Bewegungen so lange dazu machen, bis der König durch einen Gong die Zauberei beendet.
Dann ist das nächste Kind der Zauberkönig. Die Kinder können hier die unterschiedlichsten „Zauberbefehle“ geben: „Alle sollen jetzt singen.“ Oder: „Alle sollen sich auf den Tisch stellen.“

Anmerkung: An diesem Spiel wird deutlich, dass Zaubern einfach nur verzaubernd ist und diese „speziellen“ Zauberkünste nicht eines besonderen „Tricks“ bedürfen.

Bei der Zauberei mit Kindern ist es wichtig, dass der Erzieher oder die Erzieherin selbst in der Lage ist, „zauberhaft aufzutreten“; um so die Kinder zu begeistern. Nur ein glaubwürdiges Vorbild kann „seine Kräfte auf andere übertragen“. Neben der überzeugenden Stimme, Gestik und Mimik spielt die Atmosphäre während des Zauberns eine wesentliche Rolle. Diese kann durch gedämpftes Licht, Kerzenschein und glitzernde Requisiten hervorgerufen werden.

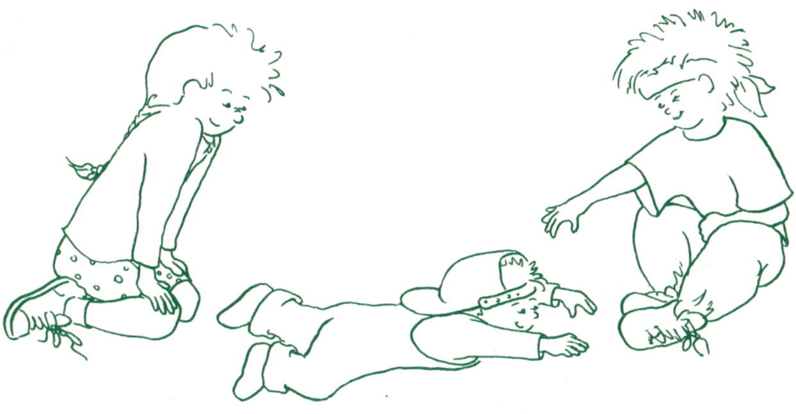

12.2 Zauberei für ältere Kinder

Der Anspruch an die Zauberei ist bei älteren Kindern (ab sechs Jahre) schon höher. Sie interessieren sich eher für die Hintergründe der Tricks und wollen es ganz genau wissen. Am liebsten mögen sie es, wenn sie scheinbar die Einzigen sind, die den Zaubertrick durchschauen. Bestimmte Tricks, die sie entweder aus Büchern oder von einer anderen Person aufgenommen haben, werden zunächst geprobt oder variiert, um dann später „bühnenreif" vorgeführt zu werden. Nicht nur das Aufführen des Tricks an sich, sondern auch das Schlüpfen in die Rolle des „großen Zauberkünstlers" weckt und fördert besondere Fähigkeiten.
Die Zauberei ist ein fantastisches, magisches und utopisches Erleben von Wünschen und Träumen, die dadurch in Erfüllung gehen können. Etwas nicht sofort Durchschaubares und Außergewöhnliches zu können, vermittelt dem Kind ein beflügelndes und selbstbewusstes Gefühl.

Ähnlich wie in den bereits beschriebenen „ Fantasiewelten" (siehe Kapitel 10) können die Kinder sich auch hier in die Vorstellung hineinbegeben, wirkliche Zauberkräfte zu besitzen und Wünsche erfüllt zu bekommen, die in der Realität nicht denkbar wären. Wer von uns Erwachsenen hat nicht heute noch den Traum, manchmal zaubern zu können?
Wie oft wird zu Festen und Feiern in Kindertagesstätten ein professioneller Zauberer eingeladen, der zur Unterhaltung von Kindern und Erwachsenen beitragen soll. Wäre es nicht im Sinne der Kinder, wenn sie ihre eigenen Zauberkunststücke präsentieren könnten?
Kinder sind selbst in der Lage, eine solche Aktion auf die Beine zu stellen. Sie werden zu Akteuren und auch die zuschauenden Kinder gestalten das Programm mit und tragen zum Gelingen der Kunststücke bei.
Das Wichtigste für eine Zaubervorstellung sind die Zaubereien, die Zauberkunststücke, die daher sorgfältig ausgesucht werden müssen. Im Nachfolgenden ist eine Reihe solcher Kunststücke aufgeführt, die von einem Kind ab sechs Jahren mit Leichtigkeit vorgeführt werden können.

Einige Zauberkunststücke

Der Wasserballon

Vorbereitungen: Ein Luftballon wird durch die Öffnung eines zweiten Luftballons geführt, wobei mit der Hand die Öffnung des innen liegenden Ballons festgehalten wird. Diese Öffnung wird an einen Wasserhahn gehalten und der Ballon mit etwas Wasser gefüllt. Mit einem Knoten verschlossen, wird dieser Ballon nun ganz in den äußeren hineingedrückt. Auch dieser wird dann verknotet.
Wird dieser Wasserballon nun in die Luft geworfen, so wackelt und zappelt er wild herum und lässt sich nicht mehr gezielt irgendwohin leiten.

Vorführung: Der Zauberer hat mehrere Luftballons ganz normal aufgeblasen, sie liegen alle in einem Karton, den er vor sich hinstellt. Auch der „Wabbelballon" ist dabei. Mit einem Zauberspruch werden zunächst alle „wasserlosen" Ballons so in die Luft geworfen, dass auch die Zuschauer sie berühren und weitertippen können. Nun wird der Zauberer einen ganz besonderen Ballon zaubern, der sich ganz seltsam bewegt. Gemeinsam mit den Kindern wird der Zauberspruch gesprochen und der Zauberer wirft nun den „wabbeligen" Ballon ins Publikum.

Die Gummibärchenbanane

Vorbereitungen: Eine Banane wird mit einem Messer an einer der Längsseiten so eingeschnitten, dass die Schalenenden geschlossen bleiben. Die Bananenmasse wird mit einem Löffel entnommen und statt der Fruchtmasse werden Gummibärchen hineingelegt. Hält man die Banane nun am oberen Ende in die Luft, so fällt nicht auf, dass sie eingeschnitten ist.

Vorführung: Der Zauberer hat im Laufe der Vorführung Hunger bekommen. Da er gerne Bananen isst, wird er eine der vor sich liegenden Bananen schälen und sie auf gewohnte Weise vor bzw. mit den Zuschauern essen. Nun wird er bekannt geben, dass er eine ganz besondere Banane zaubern wird, eine „Gummibärchenbanane". Mit den Zuschauern gemeinsam werden die Zauberkräfte aktiviert, wobei der Zauberer die Banane mit der ganzen Hand, wie beschrieben, festhält. Nun bedarf es einiger Geschicklichkeit beim Schälen der Banane, damit es nicht auffällt, dass diese bereits eine Öffnung hat. Die geöffnete Seite von den Zuschauern abgewandt, wird mit beiden Händen „unauffällig" das eine Ende der Banane aufgerissen. Die Gummibärchen werden sichtbar. Das Staunen aller Beteiligten ist sicher, da ein solches Kunststück schon ganz besonderer Fähigkeiten bedarf.

Anmerkung: Es ist wichtig, diesen Trick vorher zu üben, da ein geschicktes Vertuschen einiger Übung bedarf.

Trockener Regen

Vorbereitungen: Man benötigt zwei Brötchen- bzw. Papiertüten. Bei einer dieser Tüten werden vom oberen Rand etwa drei Zentimeter abgeschnitten und in die Seitenwände mit einem Locher einige Löcher geknipst. In die andere Tüte wird eine Handvoll Konfetti gestreut. Nun wird die geschnittene Tüte mit dem oberen Rand sorgfältig in die größere eingeklebt, so dass man von außen nicht erkennt, dass es eigentlich zwei Tüten sind.

Vorführung: Der Zauberer wird zunächst einen Zuschauer bitten, eine normale Papiertüte durch Aufpusten und Zerplatzen laut knallen zu lassen. Er kündigt dann an, dass er die besondere Gabe hat, trockenen Regen zu zaubern und bittet einen mutigen Zuschauer zu sich, den er beregnen kann. Der Zuschauer setzt sich vor ihn auf einen Stuhl und der Zauberer bittet nun darum, den Zauberspruch wie immer gemeinsam zu sprechen, damit er Wirkung zeigt. Er bewegt die präparierte Tüte so, dass die Zuschauer den Eindruck haben, dass sie leer ist. Dann bläst er sie auf und lässt sie über dem Kopf des Mitspielers zerplatzen und das Konfetti wird auf ihn herunterrieseln.

Der Zauberschlag

Vorbereitungen: Ein Stöckchen wird mit seinen Enden an zwei Seidenfäden aufgehängt.

Vorführung: Der Zauberer erzählt von seinen unsichtbaren Kräften. Er bittet zwei der Zuschauer darum, die Enden der Fäden des Stöckchens festzuhalten. Er nimmt seinen Zauberstab in die Hand – ein beklebtes Lineal tut hier gute Dienste – und mit einem gezielten Hieb des Zauberstabes auf das Stöckchen wird dieses in zwei Teile zerlegt. Durch den kurzen, kräftigen Schlag wirkt die Kraft nur auf das Stöckchen, die beiden angebrachten Seidenfäden zerreißen nicht.

Taschenlampenzauber

Vorbereitungen: Es werden mehrere Kreise ausgeschnitten, die so groß sind wie die Scheibe der für diesen Trick benötigten Taschenlampe. Jeder dieser Kreise wird jeweils zweimal gefaltet und dann ein Muster in ihn hineingeschnitten, ähnlich wie bei einem Stern.

Vorführung: Der Zauberer schafft eine andere Atmosphäre, indem er den Raum verdunkelt und zauberhafte Musik erklingen lässt. Das Licht der Taschenlampe erscheint als Lichtquelle an der Decke des Raumes und der Zauberer beginnt die Geschichte zu erzählen, wie dieses Licht auf seltsame Weise verzaubert wird:

„Das Licht sitzt traurig in einer Ecke der Decke und denkt nach. Es ist das erste Mal, dass es auf ein Lichterfest eingeladen ist. Es weiß, dass dort die wunderschönsten Lichter zu sehen sind, in allen Farben und Formen. Einmal im Leben möchte es auch besonders schön sein, ein Lichterkleid tragen und von allen anderen Lichtern bewundert werden."

Der Zauberer wird diesem Licht natürlich helfen und gemeinsam mit den Zuschauern ein bezauberndes Lichterkleid zaubern. Das Licht geht aus (währenddessen klebt der Zauberer einen der zurechtgeschnittenen Kreise vorne auf die Scheibe der Taschenlampe), und nachdem der Zauberspruch von allen aufgesagt wurde, erscheint das Licht in einem wunderschönen Kleid.

Anmerkung: Wenn der Zauberer eingeweihte Gehilfen hat, kann dieser Taschenlampenzauber mit vielen Lichtern entstehen, die alle dann ihre wundervollen, gezauberten Muster vorführen.

Es ist wichtig, dass das Kind, das die Rolle des Zauberers übernommen hat, all die ausgewählten Tricks im Vorfeld ein oder mehrere Male ausprobiert, um ein Gefühl von Sicherheit vor der Aufführung zu bekommen. Gemeinsam mit der Erzieherin muss vorher auch darüber nachgedacht werden, wie der Ablauf der Vorstellung sein könnte. Es ist vorteilhaft, nicht einfach einen Trick nach dem anderen vorzuführen, sondern sich vorher genau die Übergänge und Zwischenspiele zu überlegen.

Wichtige Vorbereitungen, die dem „Zauberer" Sicherheit geben

1. **„Kleider machen Leute!"**
   Es muss nicht gleich ein fertiges Zaubererkostüm sein, aber ein selbst angefertigter Hut und etwas Klimbim gehören dazu.

2. **Hilfsmittel**
   Es muss entschieden werden, ob ein Zauberstab benutzt wird. Oder sollen die Zaubertricks beispielsweise mit Zaubersalz „gewürzt" werden (mit diesem werden die Zaubertricks dann imaginär bestreut, damit der Zauber auch wirklich gut funktioniert)?

3. **Zauberkoffer**
   Alle vorbereiteten Utensilien werden in einen Koffer gelegt, mit dem der Zauberer auftritt.

4. **Weniger ist mehr.**
   Auch ein Zauberer wird langweilig, wenn er zu viele Tricks vorführt, es reicht eine gute Viertelstunde für eine Vorführung.

5. **Alle Zaubertricks müssen kommentiert werden.**
   Es ist vorteilhaft, dass der Zauberer zu jedem Trick einige passende Worte sagt, wie z. B. dass er Hunger hat und sich etwas zu essen zaubern wird (siehe Gummibärchenbanane).

6. **Zaubermusik**
   Vor Beginn der Vorstellung sollte eine Zaubermusik ausgesucht werden, die im Hintergrund leise die Vorstellung begleitet.

7. **Es kann auch mehrere Zauberkünstler geben.**
   Die Zaubervorstellung muss nicht unbedingt von einem Kind allein gestaltet werden, eine Gruppe von Zauberkünstlern ist sogar sinnvoll, da auf diese Weise gleich mehrere Kinder in die Rolle eines Zauberers schlüpfen können. Das gemeinsame Gestalten und Planen der Vorstellung lässt das Zusammengehörigkeitsgefühl der Gruppe wachsen, der Mut jedes einzelnen Kindes steigt, vor Publikum etwas vorzuführen.

8. **Besondere Dramaturgie der Zaubersprüche**
   Zaubersprüche müssen, wenn sie „wirken" sollen, ganz besonders betont gesprochen werden. Dies dient der Dramaturgie des Geschehens.

Vorschläge für den Ablauf einer Zaubervorstellung

Während die Zuschauer (vielleicht sind die Eltern auch eingeladen) Platz nehmen, ist schon leise die Zaubermusik zu hören.
Der oder die Zauberer betreten den Raum und stellen sich vor, indem sie ihre Namen nennen und sich vor dem Publikum verbeugen.
Sie stellen den mitgebrachten Koffer auf einen bereitgestellten Tisch.
Einer der Zauberer beginnt zu erzählen:
„Wir waren eine ganz lange Zeit im Zauberwald und haben dort viele unglaubliche Zaubertricks gelernt. Im Zauberwald wohnen all die großen Zauberer dieser Erde. Man kann von ihnen Zauberkräfte übertragen bekommen, wenn man eine Zeit dort verbringt.
Heute werden wir euch unsere Kräfte zeigen, aber wir brauchen dabei eure Hilfe!
Alle gemeinsam müssen wir diesen besonderen Zauberspruch sprechen, damit unsere Kräfte wirken können:

> Zaubern, das ist gar nicht schwer, ein Zauberspruch, der muss jetzt her,
> klatsche dreimal in die Hand, stampfe feste mit dem Fuß,
> nicke dann mit deinem Kopf, drücke hier auf diesen Knopf
> und dann spürst du eine Kraft, die das Zaubern dir verschafft."

Zuschauer und Zauberer bewegen sich dem Spruch entsprechend und die Show kann beginnen.

Ein zweiter Zauberer öffnet nun ganz langsam nur einen Spaltbreit den Koffer und schließt ihn schnell wieder, der oder die anderen Zauberer machen es ihm nach. Dann schauen sich alle Zauberer geheimnisvoll an. Wieder öffnet einer der drei den Koffer und diesmal hält er einige Tüten in der Hand, die er fürs Publikum hochhält. „Heute werde ich euch vorführen, wie es regnet, ohne dass man nass wird. Ich werde trockenen Regen zaubern."

Er verteilt einige leere Papiertüten an die Zuschauer und bittet diese, die Tüten aufzublasen und dann platzen zu lassen. Seine präparierte Tüte hält er in der Hand und bittet dann eines der zuschauenden Kinder, zu ihm nach vorn zu kommen. Er lässt das Kind in seine Tüte schauen, um sich bestätigen zu lassen, dass diese Tüte ebenfalls leer ist. Nun werden die Zuschauer um Hilfe gebeten und alle sprechen gemeinsam den bereits bekannten, oben zitierten Zauberspruch. Der Zauberer bläst daraufhin seine Tüte auf, hält sie über den Kopf des Kindes und mit einem Knall beginnt es Konfetti zu regnen.
Vom Applaus der Zuschauer begleitet, verbeugt sich der Zauberer und gibt die Bühne frei für seinen Zauberkollegen, der nun den nächsten Trick präsentiert. Dieser erzählt davon, dass er besonders gerne mit Luftballons spielt und deshalb auch heute einige bei sich hat. Aus dem Koffer entnimmt er einige Ballons, wirft sie ins Publikum und bittet dieses darum, sie aufzublasen, damit er damit spielen kann. Unauffällig wird er während des Spiels mit den vielen Luftballons seinen vorgefertigten Wasserballon vor sich hin legen. Nach einer Weile bittet er die Zuschauer, alle Luftballons vorne auf die Bühne zu legen. Er gibt nun vor, dass er einen dieser Ballons so verzaubern wird, dass dieser sich nicht mehr federleicht in der Luft bewegen kann.
Wieder sprechen Zuschauer und Zauberer den Spruch und bewegen sich entsprechend. So können die Zauberkräfte wirken, wenn nun der Zauberer den Wabbelballon ins Publikum wirft. Die Gäste dürfen sich selbstverständlich diesen seltsamen Ballon eine kurze Zeitlang zuwerfen. Dann behält der Zauberer den Ballon bei sich, während er sich mit einer Verbeugung beim applaudierenden Publikum bedankt.

Der Auftritt des dritten Künstlers beginnt mit der Ankündigung, dass er sehr hungrig sei. Aus dem Koffer nimmt er einige Bananen, die er vor sich auf einen Teller legt. Darunter befindet sich auch die präparierte Gummibärchenbanane. Vor den Augen der Zuschauer schält er einige Bananen, isst selbst davon und bietet den Gästen ein Stück zum

Probieren an. Er reibt sich den Bauch, schließt die Augen und formuliert mit träumerischer Stimme, dass er schon immer von einer ganz besonderen Banane geträumt habe, nämlich von einer Gummibärchenbanane. Heute wird er eine solche Banane zaubern, wenn alle mit ihren Zauberkräften mithelfen.
Der Zauberer nimmt die präparierte Banane in die Hand, die von allen gemeinsam verzaubert wird. Auch diesmal funktioniert der Zauber, so dass sich tatsächlich Gummibärchen in der Banane befinden, als der Zauberer sie öffnet. Zum Probieren verteilt er ein Gummibärchen an jeden Zuschauer.

Unter viel Applaus treten alle drei Zauberer auf die Bühne und sprechen gemeinsam einen nur Zauberern bekannten Spruch:

„Wenn es dunkel wird im Raum,
und man sieht den anderen kaum,
schließt die Augen, fasst euch an,
dass der Zauber wirken kann.
Ein kleiner Stern wird oben steh'n.
Nun könnt ihr ihn auch alle sehn.“

Der Raum ist dunkel geworden und ein Stern (Taschenlampe) leuchtet am Himmel.
Einer der Zauberer erzählt die Geschichte vom kleinen Stern, der sich ein neues Kleid wünscht…
Wieder ist es der von allen Zuschauern und den Zauberern gemeinsam gesprochene Zauberspruch, der den Stern in einen wunderschönen Stern verzaubert und dadurch der Vorstellung ein bezauberndes Ende garantiert.
Alle Akteure verbeugen sich nochmals vor dem Publikum, das hoffentlich nicht mit Applaus sparen wird.

Diese Vorführung ist nur eine von vielen Möglichkeiten, mit Kindern für Kinder zu zaubern. Der Erzieher sollte gerade ältere Kinder ab 6 Jahren motivieren, gemeinsam etwas zu planen, eine eigene Show zu entwerfen und den Mut zu entwickeln, in einer anderen Rolle die persönlichen Talente zu entdecken und zu fördern.
Kinder, die spielerisch angehalten werden, ihr Können und ihre besonderen Fähigkeiten vor Zuschauern zu präsentieren, werden auch später sicher und selbstbewusst ihre Anliegen, ihre Wünsche und Bedürfnisse vor anderen vertreten können.

Literatur

Braun, D.: Handbuch Kreativitätsförderung. Theorie und Praxis für die Arbeit mit Kindern, Freiburg 1999

Breucker-Rubin, A.: Da ist der Bär los … Mit-Spiel-Aktionen für kleine und große Leute, Dortmund 1990

Bröder, M. / Hilbich, U.: Das letzte Jahr im Kindergarten. Entwicklungsgerecht begleiten, Freiburg 1996

Hebenstreit, S.: Kindzentrierte Kindergartenarbeit. Grundlagen und Perspektiven in Konzeption und Planung, Freiburg 1994

Mogel, H.: Psychologie des Kinderspiels. Die Bedeutung des Spiels als Lebensform des Kindes, seine Funktion und Wirksamkeit für die kindliche Entwicklung, Berlin / Heidelberg / New York 1991

Scheuerl, H. (Hrsg.): Das Spiel. Untersuchungen über sein Wesen, seine pädagogischen Möglichkeiten und Grenzen, Weinheim 1990